Lumière du monde

Benoît XVI

Lumière du monde

Le pape, l'Église et les signes des temps

Un entretien avec Peter Seewald

Traduit de l'allemand
par Nicole Casanova et Olivier Mannoni

L'écriture manuscrite du titre du livre en couverture
est celle de Benoît XVI.

L'éditeur remercie le Père Michel Kubler, assomptionniste,
pour sa relecture attentive de la traduction française.

© 2010, Libreria Editrice Vaticana, Città del Vaticano
All rights reserved
© Bayard, 2011 pour la traduction française.
18, rue Barbès, 92128 Montrouge Cedex
ISBN : 978-2-227-48246-3

Psaume 53

Des cieux Dieu se penche
vers les fils d'Adam
pour voir s'il en est un de sensé,
un qui cherche Dieu [...]
Manger mon peuple
voilà le pain qu'ils mangent,
ils n'invoquent pas Dieu.[1]

---

1. Psaume 53,3–5. Toutes les citations de la Bible sont empruntées à *La Sainte Bible*, traduite en français sous la direction de l'École biblique de Jérusalem, Éditions du Cerf, 1961. (*N.d.T.*)

Préface

Castel Gandolfo, l'été. Le chemin de la résidence pontificale emprunte des routes de campagnes solitaires. Dans les champs, une douce brise balance les épis de blé, et dans l'hôtel où j'ai réservé une chambre, les invités d'une noce joyeuse sont en train de danser. Seul le lac, tout en bas, dans la cuvette, semble tranquille et serein, aussi bleu et aussi grand que la mer.

Lorsqu'il exerçait ses fonctions de préfet de la Congrégation pour la doctrine de la Foi, Joseph Ratzinger m'avait à deux reprises donné l'occasion de l'interviewer pendant plusieurs jours. Son attitude était claire : l'Église ne doit pas se cacher, la foi doit être expliquée ; et elle peut être expliquée parce qu'elle est rationnelle. Il m'avait donné l'impression d'un homme jeune et moderne, pas du genre à se tourner les pouces, quelqu'un de courageux qui prend des risques et garde sa curiosité en éveil. Un enseignant accompli et sans compromis, parce qu'il voit disparaître des choses auxquelles on ne peut renoncer.

À Castel Gandolfo, certaines choses ont changé. Un cardinal est un cardinal, le pape est le pape. Jamais encore dans l'histoire un pontife n'a répondu à des questions sous la forme d'un entretien personnel et direct avec un journaliste. Le simple fait qu'il ait accordé cette interview est un signe nouveau et important. Benoît XVI a accepté de se mettre à ma disposition pendant mes vacances, du lundi au samedi de la dernière semaine de juillet, une heure par jour. Je me suis d'abord demandé à quel point ses réponses seraient franches. Quel jugement porte-t-il sur le travail accompli jusqu'ici ? Quels sont ses nouveaux projets ?

À cette époque, de sombres nuages s'accumulent au-dessus de l'Église catholique. Le scandale des abus sexuels obscurcit le pontificat de Benoît XVI. Ce qui m'intéresse alors, ce sont les causes de ces phénomènes, la manière de les traiter, mais aussi les brûlants soucis du pape au cours d'une décennie qui, selon les scientifiques, jouera un rôle absolument décisif pour tout l'avenir de la planète.

La crise de l'Église est une chose, celle de la société en est une autre. Mais les deux sont liées. On a reproché aux chrétiens de pratiquer une religion qui crée un monde illusoire. Mais n'en voyons-nous pas aujourd'hui bien d'autres, nous, des mondes illusoires ? ceux des marchés financiers, des médias, du luxe et des modes ? Ne sommes-nous pas contraints de constater qu'une modernité qui perd ses repères menace de sombrer dans l'abîme ? On voit un système bancaire réduire à néant de gigantesques patrimoines nationaux. On mène une existence fulgurante qui nous rend littéralement malade. On découvre l'univers d'internet, et toutes ses questions pour lesquelles nous n'avons pas encore de réponses.

Où allons-nous au juste ? Sommes-nous en droit de faire tout ce que nous sommes capables de faire ?

Et si nous nous tournons vers l'avenir : comment la nouvelle génération viendra-t-elle à bout des problèmes que nous lui laissons en héritage ? L'avons-nous suffisamment préparée et formée ? Possède-t-elle les fondements qui donnent la sécurité et la force nécessaires pour tenir dans les moments de tempête ?

Autre question : si le christianisme perd, en Occident, la force qui lui permet de contribuer à la constitution des sociétés, par qui ou par quoi sera-t-il remplacé ? Une « société civile » areligieuse qui ne tolère plus aucune référence à Dieu dans sa constitution ? Un athéisme radical qui combat avec virulence les valeurs de la culture judéo-chrétienne ?

À toutes les époques, on a voulu proclamer la mort de Dieu et se tourner vers des valeurs supposées plus tangibles, y compris des veaux d'or. La Bible regorge de ce type d'histoires. Elles tiennent moins à un manque d'attrait de la foi qu'aux forces de la tentation. Mais où peut aller une société éloignée de Dieu, une société sans Dieu ? Le XXe siècle ne vient-il pas justement, à l'Ouest comme à l'Est, de faire jusqu'au bout cette expérience ? Avec ses conséquences effroyables, les peuples écrasés, les cheminées des camps de concentration, le Goulag meurtrier.

Le directeur de la résidence pontificale, un vieux monsieur très aimable, me guide à travers des salles interminables. Il me dit en chuchotant qu'il a connu Jean XXIII et tous ses successeurs ; celui-ci, ajoute-t-il, est un pape d'une subtilité hors du commun — et d'une inconcevable ardeur au travail.

Nous attendons dans une antichambre aussi vaste qu'un manège. Peu après, une porte s'ouvre. Et voilà que se découpe la silhouette — qui n'a rien de gigantesque, elle — du pape qui me tend la main. Ses forces ont décliné, me dit-il en me saluant, comme en s'excusant presque. Mais plus tard, je ne verrai rien qui pourrait me laisser penser que les fatigues liées à sa fonction ont réellement diminué la vigueur de cet homme, et *a fortiori* son charisme. Bien au contraire.

Cardinal, Joseph Ratzinger mettait en garde contre la perte d'identité, d'orientation, de vérité, si un nouveau paganisme devait prendre le contrôle de la pensée et de l'action des hommes. Il critiquait la médiocrité d'une « société de la rapacité », qui ose de moins en moins espérer et ne se risque plus à croire quoi que ce soit. Il faut, estimait-il, développer une nouvelle attitude sensible aux menaces qui pèsent sur la Création, et s'opposer résolument aux forces de la destruction.

Rien n'a changé. Le pape veut aujourd'hui que son Église, après les épouvantables cas d'abus sexuels et les errances, se soumette à une sorte de purification fondamentale. Il est indispensable, pense-t-il, qu'après des discussions souvent stériles, après s'être paralysée à force de se concentrer sur elle-même, elle redécouvre enfin le mystère de l'Évangile, elle redécouvre le Christ dans toute sa dimension universelle. La crise de l'Église porte en elle une immense chance : retrouver ce qui est spécifiquement catholique. Il s'agit selon lui de montrer Dieu aux hommes, de leur dire la vérité. La vérité sur les mystères de la Création. La vérité sur l'existence humaine. Et la vérité sur notre espérance, au-delà même de la seule vie sur terre.

Depuis très longtemps, nous sommes effrayés par ce que nous avons provoqué. La catastrophe écologique se poursuit sans le moindre frein. Le déclin de la civilisation prend des formes inquiétantes. Avec la manipulation technico-médicale de la vie, qui passait jadis pour sacrée, on transgresse des limites ultimes.

Et dans le même temps, nous éprouvons la nostalgie d'un monde fiable et crédible, d'un monde proche, humain, qui tout en protégeant notre petit univers nous rende le grand univers accessible. Cette situation qui prend souvent des allures de fin des temps nous force pratiquement, aujourd'hui, à réfléchir de nouveau à quelques interrogations fondamentales. D'où nous venons. Où nous allons. À poser des questions en apparence banales — mais dont le feu brûle pourtant dans notre cœur, de façon si inextinguible qu'aucune génération ne peut en faire l'économie. Des questions sur le sens de la vie. Sur la fin du monde. Sur le retour du Christ, tel qu'il est annoncé dans l'Évangile.

Six heures d'entretien avec le pape, c'est à la fois beaucoup et fort peu. Dans le cadre de cette interview, seules un nombre réduit de questions ont pu être abordées, et beaucoup n'ont pas pu être approfondies. En autorisant le texte, le pape n'a pas transformé les mots qu'il avait prononcés, apportant seulement de petites corrections quand il jugeait nécessaires des précisions de fond.

Mais au bout du compte, le message de Benoît XVI est un appel dramatique à l'Église et au monde, à chaque individu : nous ne pouvons pas continuer comme par le passé, nous lance-t-il. L'humanité est à un carrefour. Il est temps de réfléchir. Temps de changer. Temps de faire demi-tour. Et il affirme, imperturbable : « Tant de problèmes doivent être résolus mais aucun ne le sera si Dieu n'est pas au cœur et ne redevient pas visible dans le monde ».

C'est sur cette question — savoir « si Dieu est là, le Dieu de Jésus Christ, et s'il est reconnu, ou s'il disparaît » — que se décide aujourd'hui, « dans cette situation dramatique, le destin du monde ».

Pour les modes de vie actuels, les positions défendues par l'Église catholique sont devenues une immense provocation. Nous nous sommes habitués à considérer qu'il était souvent préférable de briser des notions et des comportements acquis, traditionnels, éprouvés, au profit de tendances plus faciles. Mais le pape estime que nous allons vers la fin de l'ère du relativisme, une idéologie « qui ne reconnaît rien comme définitif et ne prend comme critère ultime que son propre ego et ses souhaits personnels ». On voit en tout cas grandir aujourd'hui les rangs de ceux qui n'apprécient pas seulement dans cette Église sa liturgie, mais aussi sa capacité de résistance ; et l'on voit, après tant de faux-semblants, se dessiner un changement de conscience : il faut de nouveau tenir compte du témoignage chrétien et vivre sa religion de manière authentique.

Mais revenons au pape lui-même : « Quel effet cela fait, m'a-t-on demandé, de se retrouver d'un seul coup assis tout près de lui ? » Je n'ai pu m'empêcher de penser à Émile Zola, qui décrit dans l'un de ses romans un prêtre attendant en tremblant, presque tétanisé, une audience chez Léon XIII[1]. Avec Benoît XVI, personne ne tremble. Il facilite considérablement la tâche du visiteur. Ce n'est pas un prince de l'Église, mais l'un de ses serviteurs, un grand homme qui donne et qui puise toute sa force dans son don.

Parfois il vous regarde d'un air un peu sceptique. Comme cela, au-dessus des lunettes. Grave, attentif. Et lorsqu'on l'écoute, quand on est assis à côté de lui, on ne sent pas seulement la précision de sa pensée et l'espoir qui naît de la foi : c'est un éclat de la lumière du monde qui devient singulièrement visible, un reflet du visage de Jésus Christ, qui veut rencontrer chaque être humain et n'exclut personne.

Munich, le 15 octobre 2010
Peter Seewald

---

1. Il s'agit du roman *Rome*. (*N.d.T.*)

Première partie

SIGNES DES TEMPS

1

LES PAPES NE TOMBENT PAS DU CIEL

Saint-Père, le 16 avril 2005, jour de votre soixante-dix-huitième anniversaire, vous déclariez à vos collaborateurs à quel point vous vous réjouissiez de prendre votre retraite. Trois jours plus tard, vous étiez le chef de l'Église universelle qui compte 1,2 milliard de membres. Ce n'est pas exactement une tâche que l'on se réserve pour le grand âge.

En réalité, j'attendais de trouver enfin paix et repos. Me voir soudain confronté à cette énorme tâche a été pour moi un choc, tout le monde le sait. C'est effectivement une gigantesque responsabilité.

Il y eut la minute dont vous avez dit plus tard que vous aviez littéralement senti siffler le « couperet » qui tombait sur vous.

Oui, la pensée de la guillotine m'est venue : maintenant le couperet tombe et c'est sur toi qu'il tombe. J'étais tout à fait sûr que cette fonction ne m'était pas destinée, que Dieu allait à présent m'accorder un peu de paix et de repos après ces années d'efforts. Je ne pouvais que dire et comprendre : la volonté de Dieu est manifestement différente, c'est quelque chose de tout autre, de nouveau, qui commence pour moi. Il sera avec moi.

Lors d'un conclave, on dispose d'avance dans ce que l'on appelle « la Chambre des larmes » trois vêtements pour le futur pape. L'un d'eux est long, l'autre court, le troisième de taille moyenne. Que vous est-il passé par la tête dans cette chambre où l'on dit que plus d'un nouveau pontife s'est déjà effondré ? Se demande-t-on encore une dernière fois, à cet instant-là : pourquoi moi ? Qu'est-ce que Dieu veut de moi ?

En réalité, à ce moment-là on est d'abord totalement absorbé par des détails pratiques, extérieurs. On doit se demander comment faire avec les vêtements et autres choses du même ordre. En outre, je savais que je devrais prononcer tout de suite quelques mots au balcon et j'ai commencé à réfléchir sur ce que je pourrais dire. D'ailleurs, dès l'instant où cette charge a pesé sur moi, je n'ai pu que dire simplement au Seigneur : « Que fais-Tu de moi ? Maintenant c'est Toi qui portes la responsabilité. Il faut que Tu me guides ! Je ne peux pas. Si Tu as voulu de moi, alors il faut aussi que Tu m'aides ! »

En ce sens, j'étais, disons, dans une relation de dialogue constant avec le Seigneur : s'Il me choisit, Il doit aussi m'aider.

Jean-Paul II voulait-il vous avoir comme successeur ?

Je ne sais pas. Je crois qu'il s'en est remis entièrement au Bon Dieu.

Toujours est-il qu'il ne vous a pas laissé quitter votre fonction. On pourrait comprendre cela comme un argumentum e silentio, *comme un argument silencieux en faveur de son candidat préféré.*

Il a voulu me maintenir dans ma fonction, c'est notoire. À l'approche de mon soixante-quinzième anniversaire, la limite d'âge à laquelle on doit proposer sa démission, il m'a dit : « Vous n'avez aucun besoin d'écrire cette lettre, je veux vous avoir jusqu'à la fin. » Telle fut la grande bienveillance imméritée dont il a fait preuve dès le début à mon égard. Il avait lu mon « Introduction au christianisme[1] ». C'était apparemment pour lui une lecture importante. Dès qu'il avait été élu pape, il avait eu l'intention de m'appeler à Rome comme préfet de la Congrégation de la foi. Il avait placé en moi une grande confiance, tout à fait cordiale et profonde. C'était pour ainsi dire la garantie de garder le bon cap en matière de foi.

Vous avez rendu visite à Jean-Paul II sur son lit de mort. Ce soir-là, vous reveniez en hâte d'une conférence à Subiaco, où vous aviez parlé de « l'Europe de Benoît dans la crise des cultures ». Qu'est-ce que le pape mourant a eu le temps de vous dire?

Il souffrait beaucoup, cependant il était très présent. Mais il n'a rien dit de plus. Je l'ai prié de me donner sa bénédiction, et il me l'a donnée. Ainsi, nous nous sommes séparés d'une

---

1. Publié en France sous le titre *La foi chrétienne hier et aujourd'hui*, traduit de l'allemand par E. Ginder et P. Schouver, Paris, Éditions du Cerf, 1996. (*N.d.T.*)

poignée de mains chaleureuse et avec la conscience que c'était notre dernière rencontre.

Vous ne vouliez pas devenir évêque. Vous ne vouliez pas devenir préfet. Vous ne vouliez pas devenir pape. N'est-on pas effrayé devant ce qui arrive sans cesse contre sa propre volonté ?

Voici ce qu'il en est : Quand on dit oui lors de l'ordination sacerdotale, on peut certes avoir son idée de ce qui pourrait être son propre charisme, mais il y a une autre chose que l'on sait : je me suis mis dans la main de l'évêque et finalement du Seigneur. Je ne peux pas choisir ce que je veux. À la fin, je dois me laisser guider.

J'avais en fait l'idée que mon charisme était d'être professeur de théologie, et j'ai été très heureux lorsque cette idée est devenue réalité. Mais une autre chose encore était claire à mes yeux : je suis toujours entre les mains du Seigneur et je dois aussi compter avec ce que je n'ai pas voulu. En ce sens, j'ai certainement été surpris d'être soudain arraché de mon propre chemin et de ne plus pouvoir le suivre. Mais comme je l'ai dit, dans le « oui » fondamental, il y avait aussi l'idée que j'étais à la disposition du Seigneur et je devrais peut-être un jour faire des choses que je n'aimerais pas à titre personnel.

Vous êtes maintenant le pape le plus puissant de tous les temps. Jamais auparavant l'Église catholique n'a eu autant de fidèles, jamais encore elle n'a connu une telle extension, littéralement jusqu'aux extrémités du monde.

Bien sûr, ces statistiques sont importantes. Elles indiquent à quel point l'Église s'est propagée, elles montrent la taille de cette communauté qui englobe races et peuples, continents, cultures, hommes de toute sorte. Mais le pouvoir du pape n'est pas fondé sur les chiffres.

Pourquoi pas ?

La communion avec le pape est d'un autre ordre, tout comme, bien entendu, et naturellement, l'appartenance à l'Église. Parmi ce 1,2 milliard, beaucoup n'en font pas intimement partie. Saint Augustin l'a déjà dit en son temps : il en est beaucoup dehors qui semblent être dedans, et il y en a beaucoup dedans qui semblent être dehors. En matière de foi, d'appartenance à l'Église catholique, intérieur et extérieur sont mystérieusement entrelacés. En cela Staline, déjà, avait raison de dire que le pape n'a pas de divisions et qu'il ne commande rien. Il n'est pas non plus à la tête d'une grande entreprise où tous les fidèles de l'Église seraient pour ainsi dire ses employés ou ses sujets.

D'un côté, le pape est un être tout à fait impuissant. D'un autre côté, il a une grande responsabilité. Il est, dans une certaine mesure, celui qui conduit, le représentant de la foi, il a en même temps la responsabilité de faire que l'on croie en la foi qui unit les hommes, qu'elle demeure vivante et qu'elle reste intacte dans son identité. Mais seul le Seigneur Lui-même a le pouvoir de maintenir les hommes dans la foi.

Pour l'Église catholique, le pape est le Vicarius Christi, *le représentant du Christ sur terre. Pouvez-vous vraiment parler à la place de Jésus ?*

En proclamant la foi et en administrant les sacrements, chaque prêtre parle au nom de Jésus Christ, pour Jésus Christ. Le Christ a confié sa parole à l'Église. Cette parole vit dans l'Église. Et si j'accepte et vis intérieurement la foi de cette Église, si je parle et pense à partir d'elle, si je Le proclame, alors je parle pour Lui — même si naturellement il peut toujours y avoir des faiblesses dans les détails. Il est important que je n'expose pas *mes* idées, mais que j'essaye de penser et de vivre la foi de l'Église, d'agir avec obéissance sur Son ordre.

Le pape est-il vraiment « infaillible », dans le sens où on l'entend parfois dans les médias ? Un souverain absolu dont la pensée et la volonté ont force de loi ?

C'est faux. Le concept d'infaillibilité s'est développé au cours des siècles. Il est né pour répondre à la question de savoir s'il existe quelque part une ultime instance qui décide. Le premier concile du Vatican, suivant une longue tradition venue des origines de la chrétienté, a finalement tranché : il existe une ultime décision ! Tout ne reste pas ouvert ! Le pape, dans certaines circonstances et sous certaines conditions, peut prendre des décisions ayant un caractère définitivement contraignant, qui éclairent ce qu'est la foi de l'Église et ce qu'elle n'est pas.

Cela ne signifie pas que le pape peut constamment produire de « l'infaillibilité ». Pour les affaires courantes, l'évêque de Rome agit comme n'importe quel autre évêque qui confesse sa foi, la proclame, qui est fidèle à l'Église. C'est seulement quand sont réunies certaines conditions, quand la tradition est devenue claire et qu'il a conscience de ne pas agir arbitrairement, que le pape peut dire : ceci est la foi de l'Église. En ce sens, le premier concile du Vatican a défini la capacité de prendre une décision ultime, afin que la foi garde son caractère contraignant.

Le ministère de Pierre, déclarez-vous, garantit la conformité avec la vérité et avec la tradition authentique. La communion avec le pape est la condition nécessaire à l'orthodoxie et à la liberté. Saint Augustin l'avait exprimé ainsi : Là où est Pierre, là est l'Église, et là aussi est Dieu. Mais cette formule date d'un autre temps, elle ne vaut pas forcément aujourd'hui.

Cette parole n'a pas été formulée ainsi, ni par Augustin, mais ici nous pouvons laisser cela en suspens. En tout cas, c'est un vieil adage de l'Église catholique. Là où est Pierre, là est l'Église.

Le pape peut naturellement avoir des opinions privées erronées. Mais, comme il a déjà été dit, quand il parle comme pasteur suprême de l'Église en conscience de sa responsabilité, alors il ne dit rien qui lui serait propre, qui viendrait juste de lui passer par l'esprit. Il sait qu'il porte cette grande responsabilité et qu'il est aussi sous la protection du Seigneur. Il sait qu'en prenant une telle décision il n'induit pas l'Église en erreur, mais qu'il garantit l'unité de celle-ci avec le passé, le présent et l'avenir et avant tout avec le Seigneur. C'est de cela qu'il s'agit et c'est ce que ressentent aussi d'autres communautés chrétiennes.

À l'occasion d'un symposium pour le quatre-vingtième anniversaire de Paul VI, en 1977, vous avez exposé ce que devait être un pape et comment. Il doit « se tenir et se comporter comme quelqu'un de très petit », citez-vous d'après le cardinal anglais Reginald Pole. Il doit « confesser qu'il ne sait rien hors de ce qui lui a été enseigné par Dieu le Père, par le Christ ». Être le Vicaire du Christ, c'est maintenir présent le pouvoir du Christ comme contre-pouvoir au pouvoir du monde. Et ce, non sous la forme d'une quelconque souveraineté, mais en portant ce fardeau surhumain sur des épaules humaines. Dans cette mesure, le lieu réel du vicaire du Christ, c'est la Croix.

Oui, aujourd'hui encore je tiens cela pour juste. La primauté s'est développée dès le commencement comme primauté du martyre. Au cours des trois premiers siècles, Rome a été la périphérie et le centre des persécutions des chrétiens. Résister à ces persécutions et donner témoignage du Christ fut la tâche principale du siège épiscopal romain.

On doit considérer comme une action de la Providence qu'à l'instant même où le christianisme entrait en paix avec l'État, l'empire se transférait au bord du Bosphore à Constantinople. Rome était devenue la province, pour ainsi dire. Ainsi, l'évêque de Rome pouvait plus facilement établir l'indépendance de l'Église, sa différence par rapport à l'État. Il ne faut pas chercher volontairement le conflit, c'est clair, il faut désirer, au fond, le consensus, la compréhension. Mais l'Église, le chrétien et avant tout le pape doivent toujours s'attendre à voir le témoignage qu'ils doivent porter devenir un scandale, ne pas être accepté, et qu'alors le pape soit mis dans la situation du témoin, du Christ souffrant.

Que tous les premiers papes aient été des martyrs a un sens. Le pape n'a pas à se présenter en glorieux souverain, il est là pour rendre témoignage à celui qui fut crucifié, et être prêt à exercer son ministère, y compris, lui-même, sous cette forme, en liaison avec Lui.

Il y eut toutefois aussi des papes qui se sont dit : le Seigneur nous a donné cette fonction, maintenant nous voulons en profiter.

Oui, cela aussi appartient au mystère de l'histoire de la papauté.

L'aptitude chrétienne à la contradiction traverse votre propre biographie comme un constant motif de tissage. Cela commence au foyer familial, où la résistance contre un système athée est comprise comme le signe caractéristique d'une existence chrétienne. Au séminaire, vous avez l'appui d'un recteur qui a été interné au camp de concentration de Dachau. Comme prêtre, vous commencez dans une paroisse de Munich, où vos prédécesseurs furent exécutés par les nazis. Pendant le concile, vous vous opposez aux directives trop étroites des instances dirigeantes de l'Église. En tant qu'évêque, vous mettez en garde contre les menaces d'une société du bien-être. Cardinal, vous vous arc-boutez contre la démolition du noyau chrétien par des courants étrangers à la foi.

Ces lignes fondamentales ont-elles aussi influencé la manière dont vous donnez forme à votre pontificat ?

Une aussi longue expérience implique aussi une formation du caractère, elle marque la pensée et l'action. Naturellement, je ne me suis pas toujours contenté de pratiquer une opposition frontale. Il y a eu aussi beaucoup de belles occasions d'entente. Quand je pense au temps où j'étais simple prêtre, l'irruption du monde profane dans la famille était déjà sensible, mais malgré cela il y avait tant de joie dans la foi commune, à l'école avec les enfants, avec la jeunesse, que j'étais littéralement porté par cette joie. Et il en était ainsi quand j'étais professeur.

Ma vie a toujours aussi été traversée par cette conviction : c'est le christianisme qui donne la joie et fait grandir. On ne pourrait sans doute pas supporter une vie d'opposant systématique.

Mais en même temps j'avais toujours plus ou moins présent à l'esprit, l'idée que l'Évangile s'oppose toujours aux constellations puissantes. Ce fut bien entendu particulièrement fort dans mon enfance et ma jeunesse, jusqu'à la fin de la guerre. Ensuite, après les années 1968, la foi chrétienne est entrée en opposition contre un nouveau projet de société, si bien qu'elle a dû de nouveau tenir face à des opinions dominatrices. Supporter les attaques et résister fait donc aussi partie de la foi chrétienne — mais une résistance qui sert à mettre en lumière le positif.

*Selon l'*Annuario Pontificio, *l'annuaire de l'Église catholique, vous avez créé pour la seule année 2009 huit nouveaux diocèses, une préfecture apostolique, deux nouveaux sièges métropolitains et trois vicariats apostoliques. Le nombre des catholiques a augmenté de dix-sept millions supplémentaires, autant que la population de la Grèce et de la Suisse réunies. Dans les quelque trois mille diocèses, vous avez nommé cent soixante-neuf nouveaux évêques. S'ajoutent à cela toutes les audiences, les homélies, les voyages, le nombre des décisions — et vous avez en outre écrit un grand ouvrage sur Jésus, dont le second volume sera bientôt publié. Vous avez aujourd'hui quatre-vingt-trois ans, où puisez-vous cette force ?*

Je dois d'abord dire que ce que vous énumérez montre à quel point l'Église est vivante. Du seul point de vue de l'Europe, elle paraît être en déclin. Mais ce n'est qu'une fraction d'un ensemble. Dans d'autres parties du monde, elle grandit et elle vit, elle est pleine de dynamisme. Le nombre des nouveaux prêtres s'est accru dans le monde entier, comme celui des séminaristes. Sur le continent européen, nous ne voyons qu'une certaine partie et non la grande dynamique d'éveil qui existe réellement ailleurs et que je rencontre à chacun de mes voyages, et à travers les visites des évêques.

Il est vrai que c'est beaucoup demander à un homme de quatre-vingt-trois ans. Dieu merci, il y a un grand nombre de bons collaborateurs. Tout est élaboré et mis en œuvre dans un effort commun. J'ai confiance dans le fait que le Bon Dieu me donnera autant de force qu'il m'en faut pour pouvoir faire le nécessaire. Mais je remarque aussi que mes forces faiblissent.

On a tout de même l'impression que le pape pourrait donner des cours de remise en forme.
(Le pape rit.) Je ne crois pas. Il faut naturellement bien répartir son temps. Et faire attention à se réserver des plages de repos suffisantes. À être présent de manière adéquate pendant les moments où l'on a besoin de vous. Bref : il faut maintenir une discipline tout au long de la journée et savoir à quel moment user de son énergie.

Utilisez-vous réellement le vélo d'intérieur que votre ancien médecin personnel, le Dr Buzzonetti, a installé pour vous ?
Non, je n'en ai jamais le temps, et Dieu merci en ce moment je n'en ai pas non plus besoin.

Le pape s'en tient donc au « no sports » de Churchill !
Oui !

D'habitude, vous vous retirez de la Seconda Loggia, les jours d'audiences au palais apostolique, à partir de 18 heures pour recevoir encore dans vos appartements, lors de ce que l'on appelle les audiences calendaires, les collaborateurs les plus importants. À partir de 20 h 45, dit-on, le pape mène sa vie privée. Que fait un pape pendant son temps libre, en supposant qu'il en dispose ?

Oui, que fait-il ? Naturellement, pendant son temps libre, il doit aussi lire et étudier des dossiers. Il reste toujours beaucoup de travail. Mais il y a aussi les repas en commun avec la famille pontificale, les quatre femmes de la communauté des « Memores Domini » et les deux secrétaires, ce sont des moments de détente.

Regardez-vous la télévision tous ensemble ?

Je regarde les informations avec les secrétaires, mais il nous arrive aussi, parfois, de regarder un DVD ensemble.

Quels films aimez-vous ?

Il y a un très beau film que nous avons récemment regardé, sur la sainte Joséphine Bakhita, une Africaine. Et ensuite nous regardons volontiers Don Camillo et Peppone...

Vous devez depuis longtemps connaître par cœur chacun des épisodes.

(Le pape rit.) Pas tout à fait.

Le pape a donc aussi une vie tout à fait privée.

Naturellement. Nous fêtons Noël tous ensemble, les jours de fête nous écoutons de la musique et nous discutons entre nous. Les fêtes de nos saints patrons sont aussi célébrées et à l'occasion nous chantons les vêpres en commun.

Bref, nous célébrons les fêtes ensemble. Et puis il y a les repas en commun et avant tout la Sainte Messe le matin. C'est un moment très important, où nous sommes tous rassemblés par le Seigneur d'une manière particulièrement intense.

Le pape est toujours habillé en blanc. Ne porte-t-il pas quelquefois, au lieu de la soutane, un pull-over de détente ?

Non. L'ancien second secrétaire adjoint du pape Jean-Paul II, Mgr Mieczyslaw Mokrzycki, m'a transmis la consigne en me disant : « Le pape a *toujours* porté la soutane, vous devez faire de même. »

Les Romains ne se sont pas peu étonnés quand ils ont vu dans le camion de déménagement les objets personnels avec lesquels, après avoir été élu deux cent soixante-quatrième successeur de Pierre, vous avez quitté votre logement pour habiter au Vatican. Avez-vous garni les appartements pontificaux avec vos meubles habituels ?

En tout cas mon bureau. Il était important pour moi de garder mon bureau tel qu'il s'est assemblé au cours de nombreuses décennies. En 1954, j'ai acheté ma table de travail et les premières étagères pour mes livres. Cela a pris de l'importance peu à peu. Il y a là tous mes livres, j'en connais chaque recoin et chacun a son histoire. J'ai donc emporté tout mon bureau au complet. Les autres pièces sont entièrement occupées par le mobilier pontifical.

Quelqu'un a découvert que vous tenez apparemment à garder les mêmes montres. Vous portez une montre-bracelet des années 1960 ou 1970, une Junghans.
Elle appartenait à ma sœur, qui me l'a léguée. Quand elle est morte, la montre m'est revenue.

Un pape n'a pas même de portefeuille personnel et encore moins de compte en banque. C'est exact ?
C'est exact.

Reçoit-il au moins plus d'aides et de consolations « d'en haut » que, disons, le commun des mortels ?
Pas seulement d'en haut. Je reçois tant de lettres de gens simples, de religieuses, de mères, pères, enfants, dans lesquelles ils m'encouragent. Ils m'écrivent : « Nous prions pour toi, n'aie pas peur, nous t'aimons. » Et ils ajoutent aussi des dons en argent et d'autres petits cadeaux…

Le pape reçoit des dons en argent ?
Pas pour moi directement, mais pour que je puisse aider d'autres personnes. Et cela m'émeut beaucoup de voir que des gens simples envoient quelque chose en me disant : « Je sais que vous êtes très sollicité, et je voudrais vous aider un peu moi aussi. » C'est ainsi qu'arrivent des consolations d'ordre très

varié. Il y a aussi les audiences du mercredi avec les rencontres individuelles. Je reçois des lettres de vieux amis, parfois aussi des visites, bien que ce soit, bien sûr, devenu de plus en plus difficile. Comme je ressens toujours aussi la consolation « d'en haut », lorsque j'éprouve en priant la proximité du Seigneur, ou qu'à la lecture des Pères de l'Église je vois briller la beauté de la foi, cela donne corps à tout un concert de consolations.

Votre foi a-t-elle changé depuis qu'en tant que pasteur suprême vous êtes responsable du troupeau du Christ ? On a parfois l'impression que la foi est devenue plus mystérieuse, plus mystique.
Je ne suis pas un mystique. Mais il est exact qu'en tant que pape, on a encore beaucoup plus d'occasions de prier et de s'en remettre entièrement à Dieu. Car je vois bien que presque tout ce que je dois faire, je ne suis personnellement pas capable de le faire. Ne serait-ce que pour cette raison, je suis pour ainsi dire forcé de me mettre dans les mains du Seigneur et de Lui dire : « Fais-le, si Tu le veux ! » En ce sens, la prière et le contact avec Dieu sont encore plus nécessaires maintenant, et aussi plus naturels, et vont de soi bien plus qu'auparavant.

Pour parler en profane : existe-t-il une « meilleure liaison » avec le ciel, ou quelque chose comme une grâce d'état ?
Oui, on le sent parfois. Au sens de : j'ai pu faire quelque chose qui ne venait pas du tout de moi. Maintenant je m'en remets au Seigneur et je constate : Oui, il y a là une aide,

quelque chose se fait qui ne vient pas de moi-même. En ce sens, on fait totalement l'expérience de la grâce d'état.

Jean-Paul II a raconté qu'un jour, son père lui a mis dans la main un livre de prières où se trouvait « la prière au Saint Esprit », et lui a demandé de la dire chaque jour. Peu à peu, il a compris ce que cela signifie quand Jésus affirme que les vrais adorateurs de Dieu sont ceux qui « l'adoreront en esprit et en vérité[1] ». Qu'est-ce que cela veut dire ?

Ce passage dans le chapitre 4 de l'Évangile selon saint Jean est la prophétie d'une adoration pour laquelle il n'existera plus de temple, mais pour laquelle on priera sans temples extérieurs, en communion avec le Saint-Esprit et la vérité de l'Évangile, en communion avec le Christ. Là, on n'a plus besoin de temple visible, mais de la nouvelle communauté avec le Christ ressuscité. Cela reste toujours important, parce que c'est aussi un grand tournant du point de vue de l'histoire des religions.

Et comment prie le pape Benoît ?

En ce qui concerne le pape, il est aussi un simple mendiant devant Dieu, plus encore que tous les autres hommes. Naturellement je prie toujours en premier notre Seigneur, avec lequel je me sens lié pour ainsi dire par une vieille connaissance. Mais j'invoque aussi les saints. Je suis lié d'amitié avec Augustin, avec

---

1. Jn, 4,23. (*N.d.T.*)

Bonaventure, avec Thomas d'Aquin. On dit aussi à de tels saints : Aidez-moi ! Et la Mère de Dieu est toujours de toute façon un grand point de référence. En ce sens, je pénètre dans la communauté des saints. Avec eux, renforcé par eux, je parle ensuite avec le Bon Dieu, en mendiant d'abord mais aussi en remerciant — ou tout simplement rempli de joie.

2

LE SCANDALE DES ABUS SEXUELS

Le pontificat de Benoît XVI a commencé dans une vague d'enthousiasme. « Son élection est une bonne nouvelle », déclara même le leader des post-communistes en Italie. Le pape, dit Massimo d'Alema, « a de la sympathie pour les gens qui possèdent intellect et culture ». Dans sa première année de fonctions le nouveau pape rassemble presque quatre millions de personnes sur la place Saint-Pierre, deux fois plus que ses prédécesseurs dans leur première année. Sa première encyclique s'est vendue à plus de trois millions d'exemplaires rien qu'en Italie. À Valence, en Espagne, le jour de la fête de la Famille, un million de personnes ont afflué pour prier et célébrer la fête avec le pape. Et l'affluence s'est maintenue. « Depuis le Habemus Papam *du 19 avril à Rome »,* écrivait Der Spiegel, *« la bienveillance de l'opinion publique pour le pape Benoît XVI, alias Joseph Ratzinger, ne faiblit pas ».*

Ce succès vous a-t-il surpris, peut-être même effrayé ?

Oui, d'un certain point de vue. Mais je le savais : cela ne vient pas de moi. La vitalité de l'Église est devenue visible. Les souffrances de Jean-Paul II et sa mort ont touché toute l'Église, voire toute l'humanité. Nous nous rappelons tous comment les foules ont envahi toute la place Saint-Pierre et tout Rome. On a ainsi créé, dans une certaine mesure, une nouvelle conscience du pape et de l'Église, ce qui naturellement provoqua aussi la question : qui est le nouveau pape ? Comment, après ce grand pape, quelqu'un peut-il s'y prendre pour être écouté, pour retenir l'attention ?

J'ai donc aussi bénéficié de l'effet de la nouveauté, d'un nouveau style. À cet égard, j'étais reconnaissant et heureux que cela continue, que l'assentiment demeure. En même temps, j'étais surpris qu'il soit aussi important et vivant. Mais je comprenais que c'était un effet de la continuité interne avec le précédent pontificat et de la vitalité de l'Église qui n'a pas décliné.

Pendant quatre ans, vous avez heureusement régné, ce qu'une vieille formule appelle feliciter regnans. *Le nouveau pape, en autorisant la reprise de la messe tridentine, élargit l'espace liturgique. Il désigne, dans le cadre de l'œcuménisme, le but de l'unité complète avec l'orthodoxie, de laquelle l'Église est maintenant proche comme elle ne l'a plus été depuis mille ans. En s'élevant contre les atteintes à l'environnement, l'injustice et la guerre, il pourrait même avoir sa place chez les Verts. Il s'entendrait bien avec la gauche quand il dénonce le turbo-capitalisme, la coupure de plus en plus grande entre pauvres et riches. On peut sentir une revitalisation de l'Église, une nouvelle conscience de soi. Et vous réussissez ce que personne ne tenait pour possible après un géant comme Wojtyla : une transition sans faille entre les pontificats.*

C'était naturellement un cadeau. Ce qui a aidé, c'est que tout le monde savait que Jean-Paul II m'appréciait, que nous étions dans une profonde entente, et que je me considérais envers lui réellement comme un débiteur essayant, avec sa modeste stature, de poursuivre ce qu'a fait Jean-Paul II, ce géant.

Naturellement, il y a toujours, parallèlement aux sujets qui suscitent la contradiction et le feu croisé des critiques, des thèmes qui tiennent au cœur du monde entier et qu'il reçoit positivement. Mon prédécesseur, grand pionnier des droits de l'homme, de la paix, de la liberté, a toujours rencontré sur tous ces thèmes une grande approbation. Le pape est donc obligé aujourd'hui de s'engager partout pour la défense des droits de l'homme, conséquence intérieure de sa foi en la création de l'homme à l'image de Dieu et en sa vocation divine. Le pape a le devoir de combattre pour la liberté, contre la violence et contre les menaces de guerre. Il a intimement le devoir de lutter pour la sauvegarde de la Création, de s'opposer à sa destruction.

Ainsi y a-t-il, selon leur nature, de nombreux thèmes qui recèlent pour ainsi dire la moralité de la modernité. La modernité n'est certes pas construite uniquement sur du négatif. Si c'était le cas, elle ne pourrait pas durer longtemps. Elle porte en soi de grandes valeurs morales qui viennent aussi et justement du christianisme, qui ne sont arrivées à la conscience de l'humanité que grâce au christianisme. Là où elles sont défendues — et le pape doit les défendre —, il y a accord sur de vastes domaines.

Nous nous en réjouissons. Mais cela ne peut pas nous dissimuler que d'autres thèmes suscitent la contradiction.

À cette époque, le théologien libéral de Munich, Eugen Biser, vous compte d'ores et déjà « parmi les papes les plus importants de l'Histoire ». Avec Benoît XVI, dit-il, commence une Église dans laquelle le Christ « habite dans le cœur des hommes » en les invitant à faire l'expérience de Dieu.

Mais soudain la page se tourne. Nous nous rappelons votre homélie pour l'inauguration de votre pontificat, le 24 avril 2005, dans laquelle vous disiez : « Priez pour moi, afin que je ne me dérobe pas, par peur, devant les loups. » Aviez-vous soupçonné que ce pontificat vous réserverait aussi des passages très difficiles ?

Je l'avais pressenti. Mais tout d'abord, on devrait observer une grande réserve envers les prescriptions faites par un pape de son vivant, qu'il soit marquant ou non. C'est seulement plus tard, avec le recul nécessaire, que l'on peut voir quel rang occupe dans l'Histoire un événement ou une personne. Mais étant donné notre univers, la présence en lui de toutes ces grandes forces de destruction, toutes les oppositions qui vivent en lui, les menaces et les erreurs, il était évident que l'on ne resterait pas toujours dans une ambiance sereine. Si tout le monde avait été toujours d'accord, j'aurais dû me demander sérieusement si je proclamais réellement l'Évangile dans sa totalité.

Lever l'excommunication des quatre évêques de la Fraternité Saint-Pie X en janvier 2009 constitua une première rupture. Nous aurons l'occasion d'en parler, de même que des étranges arrière-plans de cette affaire. D'un seul coup, celui que l'on louait tellement, dont on disait qu'il avait littéralement déclenché une « Benoît-mania », passe à présent pour un « pape malchanceux », quelqu'un qui soulève contre lui la moitié du monde.

Les commentaires sont catastrophiques. La Neue Zürcher Zeitung, *devant une campagne médiatique anti-pape sans précédente, est amenée à parler de «* l'agressivité inconsciente *» des journalistes. Comme le remarque le philosophe français Bernard-Henry Lévy, dès que l'on en vient à parler de Benoît XVI «* la mauvaise foi, les partis pris et, pour tout dire, la désinformation *» dominent maintenant toute discussion.*

Lever l'excommunication était-ce une faute ?

Peut-être faut-il dire quelque chose au sujet de cette levée d'excommunication. Car le nombre d'absurdités qu'on a propagées à cette époque est incroyable, même de la part de théologiens savants. Ces quatre évêques, contrairement à ce que l'on a maintes fois sous-entendu, n'ont pas été excommuniés à cause de leur attitude négative envers le concile Vatican II. Ils l'ont été, en réalité, parce qu'ils avaient été ordonnés sans mandat pontifical. On avait donc agi ici selon la règle du droit canonique en vigueur dans ce cas, qui figure déjà dans l'ancien droit de l'Église. Selon ce droit, étaient frappés d'excommunication tous ceux qui ordonnaient des évêques sans mandat pontifical, et ceux qui se faisaient ainsi sacrer. Ils étaient donc excommuniés parce qu'ils avaient agi contre la primauté. Il y a aujourd'hui une situation analogue en Chine, où des évêques sont également ordonnés sans mandat pontifical et donc excommuniés. Mais voici ce qu'il en est : quand un évêque ainsi sacré proclame qu'il reconnaît aussi bien la primauté en général que le pape en fonctions, son excommunication est levée parce qu'elle n'est plus fondée. C'est ainsi que nous procédons en Chine — nous espérons ainsi dissoudre lentement le schisme — et c'est ainsi que nous procédons dans les cas concernés ici. S'ils ont été excommuniés, c'est pour la seule raison qu'ils ont été ordonnés sans mandat pontifical, et si leur excommunication a été levée, c'est pour la seule raison qu'ils ont exprimé à présent une reconnaissance du pape — même s'ils ne le suivent pas sur tous les points.

C'est en soi un processus tout à fait normal. Je dois pourtant dire qu'ici notre travail auprès de la presse n'a pas été à la hauteur. On n'a pas suffisamment expliqué pourquoi ces évêques avaient été excommuniés et pourquoi maintenant, pour des raisons purement juridiques, ils devaient être délivrés de leur excommunication.

Dans l'opinion publique est née l'impression que Rome agissait avec une grande indulgence envers les groupes conservateurs de droite, tandis que les protagonistes libéraux et de gauche avaient été vite réduits au silence.

Il s'agissait ici d'une simple situation juridique. Le concile Vatican II n'était nullement en jeu. Pas plus que la question d'autres positions théologiques. Avec la reconnaissance de la primauté du pape, ces évêques, du point de vue juridique, devaient être libérés de l'excommunication, sans qu'ils puissent pour autant exercer des fonctions dans l'Église ou que, par exemple, leur position envers le concile Vatican II puisse être acceptée.

Il n'y a pas de traitements différents entre, disons, les groupes de gauche ou de droite ?

Non. Tous sont liés au même droit ecclésiastique et à la même foi et ils ont les mêmes libertés.

Nous reviendrons encore en détail sur l'affaire Williamson. Exactement un an plus tard, les nuages les plus sombres s'amassent sur l'église catholique. Comme surgis d'un gouffre profond, remontent du passé à la lumière d'innombrables et inconcevables cas d'abus sexuels commis par des prêtres et des religieux. Le nuage projette son ombre jusque sur le siège de Pierre. Personne ne parle plus maintenant de l'instance morale universelle qu'incarne habituellement un pape. Quelle est vraiment la profondeur de cette crise ? Est-ce, comme on a pu le lire parfois, l'une des plus grandes dans l'histoire de l'Église ?

Oui, c'est une grande crise, il faut le dire. Nous avons tous été bouleversés. On aurait presque dit un cratère de volcan d'où surgissait soudain un énorme nuage de poussière qui assombrissait et salissait tout, si bien que toute la prêtrise apparut comme un lieu de honte et que chaque prêtre fut soupçonné d'être l'un de ceux-là. De nombreux prêtres ont expliqué qu'ils n'osaient même plus donner la main à un enfant, et encore moins faire des camps de vacances avec des enfants.

Toute cette affaire ne m'a pas pris totalement au dépourvu. J'avais déjà, au sein de la Congrégation pour la doctrine de la foi, eu affaire à des cas américains, j'avais vu aussi monter la situation en Irlande. Mais dans cet ordre de grandeur, ce fut malgré tout un choc inouï. Depuis mon élection au siège de Pierre, j'avais déjà été plusieurs fois confronté à des victimes d'abus sexuels. Trois ans et demi auparavant, en octobre 2006, j'avais dans mon allocution aux évêques d'Irlande exigé que l'on établisse la vérité sur ce qui était arrivé dans le passé et de tout faire pour que ce genre de crimes monstrueux ne se répète pas, pour que l'on respecte les règles de la justice et, surtout, pour que l'on apporte une guérison à tous ceux qui ont été victimes de ces crimes monstrueux.

Voir soudain le sacerdoce tellement sali, et ce par l'Église catholique, au plus profond d'elle-même, il fallait réellement d'abord l'endurer. Mais il fallait en même temps ne pas perdre de vue que le bien existe dans l'Église, que l'on n'y trouve pas seulement ces choses effroyables.

Les cas d'abus sexuels dans le domaine de l'Église sont pires qu'ailleurs. Qui a reçu une plus haute consécration doit aussi satisfaire à de plus hautes exigences. Dès le début du siècle, vous l'avez dit, on connaissait une série d'abus aux États-Unis. Après que le rapport Ryan eut aussi révélé en Irlande les proportions extraordinaires qu'avaient prises les abus sexuels, l'Église s'est retrouvée devant un autre pays ravagé. « Il faudra des générations », a dit le religieux Vincent Thomey, « pour tout remettre en état ».

En Irlande, le problème se pose sous une forme tout à fait spécifique. On a pour ainsi dire une société catholique fermée, qui est toujours restée fidèle à sa foi malgré des siècles d'oppression, et dans laquelle certaines attitudes ont apparemment pu mûrir. Je ne peux pas analyser cela maintenant en détail. Voir à présent dans une telle situation un pays qui a donné au monde tant de missionnaires, tant de saints, qui dans l'histoire de la mission est aussi à l'origine de notre foi en Allemagne, c'est extraordinairement bouleversant et oppressant. Ça l'est bien sûr avant tout pour les catholiques en Irlande même, où il y a encore beaucoup de bons prêtres. Comment cela a pu se produire, nous devons l'examiner à fond, de même aussi que les mesures à prendre pour que cela ne se reproduise jamais.

Vous avez raison. C'est un péché particulièrement grave, quand celui qui doit en réalité aider l'homme à parvenir à Dieu, celui à qui un enfant, un jeune être humain, se confie pour trouver le Seigneur, le salit et le détourne du Seigneur. Ainsi, la foi n'est plus crédible en tant que telle, l'Église ne peut plus se présenter de manière crédible pour proclamer le Seigneur. Tout cela nous a choqués et me bouleverse toujours au plus profond de moi-même. Mais le Seigneur nous a aussi dit qu'il y aura de l'ivraie dans le blé mais que la semence, Sa semence, continuera quand même à lever. C'est en cela que nous avons confiance.

Ce ne sont pas seulement les abus qui bouleversent. C'est aussi la manière dont on a procédé avec eux. Les faits eux-mêmes ont été tus et camouflés pendant des décennies. C'est une déclaration de faillite pour une institution qui a inscrit l'amour sur sa bannière.

À ce sujet, l'archevêque de Dublin m'a dit quelque chose de très intéressant. Il a dit que le droit pénal ecclésiastique avait fonctionné jusqu'à la fin des années 1950 ; il n'était certes pas parfait — il y a là beaucoup à critiquer — mais quoi qu'il en soit : il était appliqué. Mais depuis le milieu des années 1960, il ne l'a tout simplement plus été. La conscience dominante affirmait que l'Église ne devait plus être l'Église du droit mais l'Église de l'amour, elle ne devait pas punir. On avait perdu la conscience que la punition pouvait être un acte d'amour. Il s'est produit aussi à cette époque, chez des gens très bons, un étrange obscurcissement de la pensée.

Aujourd'hui, nous devons de nouveau apprendre que l'amour pour le pécheur et l'amour pour la victime sont maintenus dans un juste équilibre si je punis le pécheur sous une forme possible et adaptée. Il y a eu dans le passé une altération de la conscience qui a provoqué un obscurcissement du droit et masqué la nécessité de la punition. En fin de compte est aussi intervenu un rétrécissement du concept d'amour, qui n'est pas seulement gentillesse et amabilité, mais qui existe aussi dans la vérité. Et que je doive punir celui qui a péché contre le véritable amour fait aussi partie de la vérité.

En Allemagne, l'avalanche des abus sexuels découverts s'est déclenchée parce que l'Église elle-même s'est adressée à l'opinion publique. Un collège de jésuites à Berlin a signalé les premiers cas, mais très vite on a aussi révélé des crimes dans d'autres institutions, et pas seulement catholiques. Mais pourquoi les révélations venues d'Amérique et d'Irlande n'ont-elles pas été l'occasion de faire aussitôt des recherches dans d'autres pays, d'entrer en relation avec des victimes — afin de mettre hors d'état de nuire des prédateurs qui étaient peut-être encore à l'œuvre ?

Nous avons immédiatement réagi à l'affaire américaine avec des normes renouvelées, renforcées. En outre, la collaboration entre la justice laïque et la justice ecclésiastique a été améliorée. Cela aurait-il été le devoir de Rome de dire à tous les pays en particulier : Regardez s'il n'en va pas de même chez vous ? Peut-être aurions-nous dû le faire. Pour moi en tout cas, découvrir que ces abus existaient aussi en Allemagne, et dans de telles proportions, a été une surprise.

Le fait que les journaux et la télévision fassent de telles affaires des comptes rendus intensifs est au service d'un indispensable travail de remise à plat. Le côté univoque, idéologiquement marqué, et l'agressivité de nombreux médias prirent ici toutefois la forme d'une guerre de propagande démesurée. Malgré cela le pape déclara sans ambiguïté : « La plus grande persécution de l'Église ne vient pas de ses ennemis extérieurs, mais est issue des péchés commis dans l'Église elle-même. »

Il était impossible de ne pas voir que la volonté de vérité n'était pas le seul moteur de ce travail d'enquête mené par la presse, et qu'il s'y mêlait la joie de dénoncer l'Église et de la discréditer le plus possible. Mais malgré cela une chose devait rester claire : dans la mesure où c'est la vérité, nous devons être reconnaissants de tout éclaircissement. La vérité, liée à l'amour bien compris, c'est la valeur numéro un. Et finalement les médias n'auraient pas pu rapporter les choses de cette manière si le mal n'avait pas été effectivement présent au sein de l'Église. C'est seulement parce que le mal était dans l'Église que d'autres ont pu s'en servir contre elle.

Ernst-Wolfgang Böckenförde, un ancien juge constitutionnel allemand, a dit : « Les paroles que le pape Benoît a employées il y a des années aux États-Unis et maintenant dans sa lettre aux catholiques irlandais ne pouvaient pas être plus incisives[1]*. » Le motif réel de cette évolution maligne survenue en plusieurs décennies réside dans une manière d'agir profondément enracinée selon la raison d'Église. On place le bien et le prestige de l'Église au-dessus de tout. Le bien des victimes passe en revanche à l'arrière-plan comme si c'était tout naturel, bien qu'en réalité elles aient besoin en tout premier rang de la protection de l'Église.*

Bien sûr, l'analyse n'est pas facile. Qu'est-ce que la raison d'Église ? Pourquoi n'a-t-on pas réagi autrefois de la même manière qu'aujourd'hui ? Autrefois, la presse non plus ne s'emparait pas de ce genre de choses, on n'en avait pas la même

---

1. Cf. les extraits de la lettre pastorale de Benoît XVI à l'Église irlandaise, le 19 mars 2010, en annexe de ce volume.

conscience. Nous savons que les victimes ressentent elles aussi une grande honte et ne veulent pas forcément apparaître aussitôt en pleine lumière. Beaucoup ont dû attendre des décennies pour pouvoir s'exprimer sur ce qui leur était arrivé.

Il est important que, premièrement, on prenne soin des victimes et que l'on fasse tout pour les aider ; deuxièmement, que l'on empêche de tels faits en choisissant judicieusement les candidats au sacerdoce, autant qu'on le peut ; troisièmement, que les criminels soient punis et qu'on leur ôte toute possibilité de récidiver. Dans quelle mesure les cas doivent être rendus publics, c'est, je crois, une question particulière à laquelle il sera répondu différemment selon les diverses phases de conscience de l'opinion publique.

Mais il ne doit jamais arriver que l'on se dérobe et que l'on ne veuille pas avoir vu et que l'on laisse les criminels continuer leur œuvre. La vigilance de l'Église est donc nécessaire, tout comme la punition de celui qui a failli, et surtout son exclusion de tout contact avec des enfants. En tout premier lieu il y a, nous l'avons dit, l'amour pour les victimes, l'effort accompli pour leur faire du bien à toutes afin de les aider à assimiler ce qu'elles ont vécu.

Vous vous étiez exprimé en différentes occasions au sujet des abus sexuels, en particulier dans la lettre pastorale aux catholiques irlandais dont nous venons de parler. Pourtant on a sans cesse vu paraître des grands titres du genre : « Le pape ne parle pas des abus sexuels », « Le pape se voile dans le silence », « Le pape Benoît se tait sur les scandales des abus sexuels dans l'Église catholique ». N'aurait-il pas fallu parler plus fréquemment et à voix plus haute dans un monde devenu si bruyant et sourd ?

On peut naturellement se poser la question. Il me semble que l'essentiel a été dit. Car ce qui vaut pour l'Irlande n'était pas dit seulement pour l'Irlande. Dans cette mesure, la parole de l'Église et du pape était parfaitement claire, impossible à mettre en doute et on a pu l'entendre partout. En Allemagne, nous avons dû d'abord laisser la parole aux évêques. Mais on peut toujours demander si le pape ne doit pas parler encore plus souvent. Je n'oserais pas en décider maintenant.

Mais au bout du compte c'est bien vous qui devez en décider. Une meilleure communication aurait peut-être amélioré la situation.

Oui, c'est exact. D'un côté, je pense que l'essentiel a réellement été dit. Et il était clair que cela ne valait pas seulement pour l'Irlande. D'un autre côté, la parole appartient d'abord, je l'ai déjà dit, aux évêques. Dans cette mesure il n'était pas faux d'attendre un peu.

Le plus gros de ces incidents date de plusieurs décennies. Pourtant c'est sur votre pontificat qu'ils pèsent le plus lourd. Avez-vous pensé à vous retirer ?

Quand le danger est grand, il ne faut pas s'enfuir. Le moment n'est donc sûrement pas venu de se retirer. C'est justement dans ce genre de moments qu'il faut tenir bon et dominer la situation difficile. C'est ma conception. On peut se retirer dans un moment calme, ou quand tout simplement on ne peut plus. Mais on ne doit pas s'enfuir au milieu du danger et dire : Qu'un autre s'en occupe.

On peut donc imaginer une situation dans laquelle vous jugeriez opportun un retrait du pape ?

Oui. Quand un pape en vient à reconnaître en toute clarté que physiquement, psychiquement et spirituellement il ne peut plus assumer la charge de son ministère, alors il a le droit et, selon les circonstances, le devoir de se retirer.

Celui qui a écouté et lu les médias à cette époque avait forcément l'impression que l'Église catholique n'était qu'un vaste système d'injustice et de méfaits sexuels. Il y avait, lisait-on sans autre forme de procès, une relation immédiate entre la doctrine sexuelle catholique, le célibat et les abus. Le fait qu'il existait des incidents du même genre dans des institutions non catholiques passait à l'arrière-plan. Selon le criminologue Christian Pfeiffer, 0,1 % des agresseurs sexuels seraient issus du cercle des collaborateurs de l'Église catholique, 99,9 % proviendraient d'autres domaines. Aux États-Unis, selon un rapport du gouvernement pour l'année 2008, la part des prêtres compromis dans des cas de pédophilie était d'environ 0,03 %. La publication protestante Christian Science Monitor *a fait paraître une étude selon laquelle les Églises protestantes d'Amérique sont touchées par la pédophilie dans une bien plus grande proportion.*

L'Église catholique est-elle observée et évaluée de façon différente sur la question des abus sexuels ?

Vous avez déjà donné la réponse si l'on considère les proportions réelles. Mais cela ne nous légitime certes pas à détourner le regard ou à minimiser. Nous devons tout de même constater que ces affaires ne sont pas une spécificité du sacerdoce catholique ou de l'Église catholique. Elles sont malheureusement tout simplement ancrées dans la nature pécheresse de l'homme, nature qui se trouve aussi dans l'Église catholique et a conduit à ces effroyables résultats.

Cependant, il est aussi important de ne pas perdre pour autant des yeux le bien que fait l'Église. De ne plus voir combien d'hommes sont aidés dans leurs souffrances, combien de malades, combien d'enfants bénéficient d'une assistance, toute l'aide qui est apportée. Nous n'avons pas le droit de minimiser le mal, nous devons le reconnaître avec douleur, mais nous devons également être reconnaissants envers l'Église catholique et rendre visible toute la lumière qui émane d'elle. Si elle n'était plus là, ce sont des espaces de vie entiers qui s'effondreraient.

Et pourtant, beaucoup trouvent difficile, par les temps qui courent, de rester fidèles à l'Église. Pouvez-vous comprendre que des gens se soient retirés de l'Église pour exprimer leur protestation ?

Je peux le comprendre. Je pense naturellement avant tout aux victimes elles-mêmes. Qu'il leur semble difficile de croire encore que l'Église est source du bien, qu'elle transmet la lumière du Christ, qu'elle aide à vivre, — cela, je peux le comprendre. Et d'autres, qui n'ont que ces perceptions négatives, ne voient plus l'ensemble, le côté vivant de l'Église. Nous devons d'autant plus nous efforcer de rendre de nouveau visibles cette vitalité et cette grandeur, malgré tout ce qu'il y a de négatif.

Quand vous étiez préfet de la Congrégation pour la doctrine de la foi, vous avez édicté, immédiatement après la révélation des abus sexuels commis aux États-Unis, des directives sur la manière de traiter ces cas. Là, il s'agit aussi d'une collaboration avec les autorités nationales chargées des poursuites pénales et de mesures préventives à prendre. Il fallait empêcher toute dissimulation. Ces directives ont été encore renforcées en 2003. Quelles conséquences le Vatican tire-t-il des nouveaux cas révélés ?

Ces directives ont été retravaillées et récemment publiées dans une dernière version. Toujours dans le prolongement des expériences faites, afin de pouvoir encore mieux réagir à cette situation, avec plus d'exactitude et de justesse. Toutefois, le droit pénal ne suffit pas ici. Car traiter ces affaires dans le cadre juridique conforme est une chose. Veiller à ce qu'ils ne se produisent si possible plus jamais en est une autre. Dans cette intention, nous avons fait procéder en Amérique à une grande visite canonique des séminaires. Il y avait apparemment ici des négligences, si bien que l'on n'a pas assez exactement suivi les jeunes gens qui certes semblaient avoir un certain don pour le travail avec la jeunesse et aussi, d'une manière ou d'une autre, une disposition religieuse, mais chez lesquels on aurait dû déceler qu'ils n'étaient pas aptes au sacerdoce.

La prévention est donc un secteur important. À cela s'ajoute la nécessité d'une éducation positive à la véritable chasteté et à la juste relation avec sa propre sexualité et celle des autres. Il y a sûrement beaucoup à développer ici, y compris sur le plan théologique, et il faut créer le climat adéquat. Et naturellement toute la communauté des croyants devrait réfléchir aux vocations, agir et être attentive aux individus. D'un côté, les conduire et les soutenir — et d'autre part aider aussi les supérieurs à discerner si les personnes sont aptes ou non.

Il doit donc y avoir tout un faisceau de mesures ; d'une part préventives, d'autre part réactives — et finalement positives, en créant un climat spirituel où ces choses pourront être écartées, maîtrisées et exclues dans toute la mesure du possible.

Vous avez récemment rencontré à Malte plusieurs victimes de ces abus. L'un d'eux, Joseph Magro, a dit par la suite : « Le pape a pleuré avec moi, bien qu'il ne soit pas coupable de ce qui m'est arrivé. » Qu'avez-vous pu dire aux victimes ?

En réalité, je ne pouvais rien leur dire de particulier. Je pouvais leur dire que cela m'atteint au plus profond de moi-même. Que je souffre avec eux. Et ce n'était pas seulement une phrase, cela me touche vraiment le cœur. Je pouvais aussi leur dire que l'Église fera tout pour que cela n'arrive plus jamais et que nous voulons les aider aussi bien que nous le pourrons. Et enfin, que nous les portons dans nos prières et que nous leur demandons de ne pas perdre leur foi en la vraie lumière qu'est le Christ, et en la communauté vivante de l'Église.

3

Causes et chances de la crise

L'accusation que vous avez lancée lors du chemin de croix du Vendredi saint 2005, quelques semaines avant d'être élu successeur de Jean-Paul II, est inoubliable : « Combien de fois ne célébrons-nous que nous-mêmes, et ne prenons-nous même pas conscience de sa présence ! Combien de fois sa Parole est-elle déformée et galvaudée ! » Et comme si vous visiez déjà les événements du proche avenir : « Que de souillures dans l'Église, et particulièrement parmi ceux qui, dans le sacerdoce, devraient lui appartenir totalement ! »

C'est justement au cours de l'Année sacerdotale, que vous avez vous-même proclamée, que tous ces manquements et tous ces crimes apparaissent au grand jour. D'un point de vue biblique, la révélation de ces scandales ne doit-elle pas être comprise comme un signe ?

On pourrait penser que cette Année sacerdotale a été insupportable au diable, et que c'est pour cette raison qu'il nous a jeté toute cette saleté au visage. Comme s'il avait voulu montrer au monde combien de saleté il y a même parmi les prêtres.

D'un autre côté, on pourrait dire que le Seigneur voulait nous mettre à l'épreuve et nous appeler à une plus profonde purification, afin que nous n'entrions pas dans l'Année sacerdotale triomphalement, comme pour une glorification de nous-mêmes, mais comme dans une année de purification, de renouveau intérieur, de changement et avant tout de pénitence.

Nous avons peu à peu perdu le concept de pénitence, l'un des éléments fondamentaux du message de l'Ancien Testament. On voulait en quelque sorte ne plus dire que le positif. Mais le négatif existe bien, c'est un fait concret. Que par la pénitence on puisse changer et se laisser changer, c'est un don positif, un cadeau. L'Église primitive voyait elle aussi les choses ainsi. Il s'agit de prendre désormais un nouveau départ, dans l'esprit de la pénitence — et en même temps de ne pas perdre la joie du sacerdoce, mais de la regagner.

Et je dois dire, avec une grande gratitude, que c'est ce qui est arrivé. J'ai reçu de la part d'évêques, de prêtres et de laïcs beaucoup d'émouvants, bouleversants témoignages de gratitude pour l'Année sacerdotale, témoignages qui m'ont touché au fond du cœur. Ces hommes en attestent : nous avons pris l'Année sacerdotale comme une occasion de purification, un acte d'humilité, en nous laissant de nouveau appeler par le Seigneur. Et c'est justement ainsi que nous avons retrouvé la grandeur et la beauté du sacerdoce. En ce sens, je crois, ces terribles révélations ont tout de même aussi été un acte de la Providence qui nous humilie, nous force à recommencer à nouveau.

Les causes des abus sont complexes. On en reste bouche bée, et l'on se demande surtout comment peut s'égarer à ce point quelqu'un qui lit tous les jours l'Évangile et célèbre la sainte messe, qui reçoit tous les jours les sacrements et devrait en être fortifié ?

C'est une question qui touche vraiment le *mysterium iniquitatis*, le mystère du mal. On se demande aussi : que peut penser un homme en montant le matin à l'autel pour célébrer le saint sacrifice ? Va-t-il réellement se confesser ? Que dira-t-il au cours de cette confession ? Et quelles conséquences aura-t-elle pour lui ? Elle devrait être le grand instrument qui le tire de sa situation et le contraint à changer.

Qu'un homme qui s'est consacré aux valeurs saintes les perde aussi totalement et puisse même ensuite perdre ses origines, c'est un mystère. Il doit avoir eu, au moins le jour de son ordination, un désir de grandeur, de pureté, sinon il n'aurait pas fait ce choix. Comment quelqu'un peut-il tomber ainsi ?

Nous ne le savons pas. Mais cela signifie d'autant plus que les prêtres doivent se porter mutuellement assistance, ne doivent pas se perdre des yeux. Que les évêques en ont la responsabilité et que nous devons supplier les fidèles de soutenir aussi leurs prêtres. Et je remarque que dans les paroisses l'amour pour le prêtre grandit quand on reconnaît ses faiblesses et quand on se fait un devoir de l'aider.

Peut-être avons-nous en partie une fausse image de l'Église. Comme si elle pouvait être exemptée de ce genre de phénomènes, comme si elle n'était pas elle aussi, justement elle, exposée aux tentations. Permettez-moi de citer encore une fois votre prière du chemin de croix : « Les vêtements et le visage si sales de ton Église nous effraient. Mais c'est nous-mêmes qui les salissons ! […] Par notre chute, nous te traînons à terre, et Satan s'en réjouit, parce qu'il espère que tu ne pourras plus te relever de cette chute ; il espère que toi, ayant été entraîné dans la chute de ton Église, tu resteras à terre, vaincu. »

Oui. C'est ce que nous pouvons voir de nos yeux aujourd'hui, et ce qui s'impose à nous particulièrement quand on observe le chemin de croix. Il est clair ici que le Christ n'a pas souffert à cause d'un hasard quelconque, mais qu'il a réellement pris en main toute l'histoire de l'homme. Pour nous, sa souffrance ne se réduit pas à une formule théologique. C'est un acte qui engage notre existence : assister à sa souffrance et se laisser attirer par le Christ de *son* côté et non de l'autre. Dans la prière du chemin de croix, nous comprenons qu'Il souffre réellement pour nous. Et Il s'est chargé aussi de *ma* cause. À présent, Il m'attire à Lui en me visitant dans ma profondeur, en m'élevant jusqu'à lui.

Et puis le mal appartiendra toujours au mystère de l'Église. Quand on voit tout ce que des hommes, tout ce que des ecclésiastiques ont fait dans l'Église, c'est précisément une preuve que le Christ soutient l'Église et l'a fondée. Si elle ne dépendait que des hommes, elle aurait péri depuis longtemps.

La majeure partie des cas d'abus sexuels a été enregistrée dans les années 1970 et 1980. Le préfet de la Congrégation des Instituts de vie consacrée, le cardinal Franc Rodé, s'est référé dans ce contexte aux longues années de déclin de la foi dans lesquelles on s'est détourné de l'Église, qui seraient les causes du scandale. « *La culture sécularisée a pénétré dans quelques ordres occidentaux* », *dit Mgr Rodé,* « *alors que la vie monastique devrait justement représenter une alternative à la "culture dominante", au lieu de la refléter* ».

La constellation spirituelle des années soixante-dix, qui se dessinait déjà dans les années cinquante, y a bien entendu contribué. À cette époque, certains ont même pu considérer la pédophilie comme quelque chose de positif, de libérateur. Mais on a surtout prétendu — jusque dans la théologie morale catholique — que rien n'est mauvais en soi. Le mal serait « relatif ». Les conséquences seules décideraient de ce qui est bon ou mauvais.

Dans un tel contexte, où tout devient relatif et où le mal en soi n'existe pas, où il n'y a qu'un bien relatif et un mal relatif, les hommes tendant à de tels comportements ont perdu pied. Naturellement, la pédophilie est d'abord plutôt une maladie qui frappe des individus, mais pour qu'elle puisse devenir si active et s'étendre ainsi, il a aussi fallu un environnement spirituel dans lequel les fondamentaux de la théologie morale, le bien et le mal, étaient mis en doute au sein même de l'Église. Le bien et le mal sont devenus interchangeables, ils ne s'opposaient plus clairement.

La découverte de la double vie du fondateur de la communauté religieuse des « *Légionnaires du Christ* », *Marcial Maciel Degollado, bouleverse aussi l'Église. Des reproches d'abus sexuels adressés à Maciel, décédé en 2008 aux États-Unis, couraient déjà depuis des années. La compagne de Maciel a avoué être la mère de deux enfants conçus avec lui. Certains aujourd'hui au Mexique affirment que les excuses publiques des « Légionnaires du Christ » ne suffisent pas et demandent la dissolution de la communauté.*

Malheureusement, ces informations ne nous sont parvenues que très lentement et tardivement. Elles étaient très bien dissimulées et nous n'avons eu d'indices concrets qu'à partir de l'an 2000. Finalement, il a fallu des témoignages sans équivoque pour avoir la certitude que les reproches étaient fondés.

Pour moi, Marcial Maciel demeure un personnage mystérieux. D'un côté, il y a une vie qui, comme nous le savons maintenant, se situe au-delà de la morale, une vie aventureuse, dissipée, pervertie. D'un autre côté, nous voyons la dynamique et la force avec lesquelles il a édifié la congrégation des Légionnaires.

Nous avons depuis fait effectuer une visite apostolique et engagé une délégation qui prépare avec un groupe de collaborateurs les réformes nécessaires. Naturellement, il y a des corrections à faire, mais dans l'ensemble la communauté est saine. Il y a ici beaucoup de jeunes gens qui ont la volonté enthousiaste de servir la foi. On ne doit pas détruire cet enthousiasme. En fin de compte, beaucoup ont été appelés à un principe juste par un personnage qui ne l'était pas. C'est cela qui est étrange, cette contradiction, que pour ainsi dire un faux prophète puisse avoir une action positive. Il faut donner un nouveau courage à ces nombreux jeunes. Il faut une nouvelle structure, afin qu'ils ne tombent pas dans le vide mais que, bien dirigés, ils puissent continuer à servir l'Église et les êtres humains.

Le cas de Maciel n'est comparable à aucun autre, mais à côté de cela il y a aussi des prêtres qui, en secret ou au su de leur communauté ou même de la hiérarchie de l'Église, vivent une liaison quasi matrimoniale. Le scandale est d'autant plus grand quand des enfants nés de ces liaisons sont relégués dans des foyers et que l'Église paie les pensions.

Cela ne doit pas exister. Tout ce qui est mensonge et dissimulation ne doit pas être. Il y a malheureusement toujours eu dans l'histoire de l'Église, des époques dans lesquelles se sont produites et répandues de telles situations, justement quand elles sont, pour ainsi dire, encouragées par l'atmosphère intellectuelle. C'est naturellement un défi particulièrement urgent pour nous tous. Là où un prêtre vit avec une femme, il faut vérifier s'il y a une véritable volonté de mariage et s'ils pourraient former un bon ménage. S'il en est ainsi, ils doivent suivre ce chemin. S'il s'agit seulement d'une défaillance de la volonté morale, mais qu'il n'y a pas là de véritable lien intérieur, il faut essayer de trouver des chemins de salut pour lui et pour elle. En tout cas, il faut veiller à ce qu'il soit fait justice aux enfants — ils sont le bien à mettre au premier rang —, et qu'ils reçoivent le cadre éducatif vivant dont ils ont besoin.

Le problème fondamental c'est l'honnêteté. Le deuxième problème c'est le respect de la vérité des deux personnes et des enfants, afin de trouver la bonne solution. Le troisième c'est la question de savoir comment nous pouvons de nouveau éduquer des jeunes gens au célibat. Comment pouvons-nous soutenir les prêtres afin qu'ils vivent le célibat de telle sorte que cela demeure aussi un signe, dans ces temps corrompus, où non seulement le célibat, mais aussi le mariage traversent une grande crise. Beaucoup prétendent que le mariage monogame n'existe déjà plus. C'est un défi gigantesque de défendre les deux, le célibat comme le mariage, et de les redéfinir à frais nouveaux. Le mariage monogame c'est le fondement sur lequel repose la civilisation occidentale. S'il s'effondre, c'est l'essentiel de notre culture qui s'effondre.

Le scandale des abus sexuels pourrait nous amener à nous interroger aussi sur d'autres cas d'abus. Abus de pouvoir par exemple. Abus d'une relation. Abus du devoir d'éducation. Abus de mes dons. Dans la Grèce antique, la tragédie devait provoquer chez les spectateurs un bouleversement, un effet de purification qui les fasse réfléchir sur leur vie. Seule la catharsis prépare les hommes aux changements de leurs modes de vie solidement établis. La crise actuelle de l'Église ne pourrait-elle pas devenir aussi une nouvelle chance ?

Je le crois. J'ai déjà dit que l'Année sacerdotale, qui s'est déroulée de manière si différente de ce que nous avions pensé, avait aussi eu un effet cathartique. Que les laïcs aussi avaient été reconnaissants d'avoir vu de nouveau ce qu'est le sacerdoce, dans ce qu'il a de positif, et de l'avoir justement vu à travers les risques qu'il court et les perturbations qu'il subit.

Cette catharsis est pour nous tous, pour la société, mais avant tout pour l'Église, naturellement, un appel à reconnaître nos vertus porteuses, à voir les dangers qui menacent très profondément non seulement les prêtres, mais toute la société. La connaissance des menaces et de la destruction des structures morales de notre société devrait être un appel à une purification. Nous devons reconnaître de nouveau que nous ne pouvons pas vivre n'importe comment. Que la liberté ne peut pas être n'importe quoi. Qu'il s'agit d'apprendre une liberté qui soit responsabilité.

4

La catastrophe globale

La crise de l'Église est une chose, la crise de la sécularisation en est une autre. La première est peut-être grande, mais l'autre ressemble de plus en plus à une catastrophe globale permanente.

Le changement climatique élargit la ceinture tropicale, fait monter le niveau des mers, fondre les pôles, grandir les trous de l'ozone. Nous vivons des tragédies comme le désastre du pétrole dans le golfe du Mexique, de gigantesques incendies, des inondations catastrophiques sans précédent, des vagues de chaleur insoupçonnées et des périodes de sécheresse. Le secrétaire général des Nations Unies, Ban Ki-moon, affirmait déjà en novembre 2007, devant l'assemblée de l'ONU à New York, que l'État de la planète Terre constituait un « danger extrême ». Une commission d'enquête de l'ONU a établi qu'il ne restait à l'humanité que peu de décennies avant d'atteindre un point de non-retour, où il sera trop tard pour que nous puissions contrôler par nos propres moyens la problématique du monde hautement technicisé. Beaucoup d'experts estiment même que ce point est déjà atteint.

« *Dieu vit tout ce qu'il avait fait : cela était très bon* », est-il écrit dans la Genèse[1]. *On peut donc être effrayé par ce qu'est devenu entre-temps ce rêve d'une planète. La question est la suivante : la terre ne supporte-t-elle tout simplement pas l'énorme potentiel de développement de notre espèce ? Elle n'est peut-être même pas faite pour que nous y demeurions durablement... Ou nous nous y prenons très mal.*

Que nous ne resterons pas ici éternellement, les saintes Écritures nous le disent, tout comme l'expérience. Mais il y a sûrement quelque chose que nous faisons mal. Je pense que c'est toute la question du concept de progrès qui se pose ici. L'ère moderne a cherché sa voie parmi les concepts fondamentaux de progrès et de liberté. Mais qu'est-ce que le progrès ? Nous voyons aujourd'hui que le progrès peut être aussi destructeur. C'est pourquoi nous devons réfléchir aux moyens de faire en sorte que le progrès soit bien un progrès.

Le concept de progrès avait à l'origine deux aspects : d'une part, c'était un progrès de la connaissance. On entendait par là : comprendre la réalité. C'est ce qui s'est produit, et dans une dimension incroyable, entre autres grâce à la combinaison d'une conception mathématique du monde et à l'expérimentation. Aujourd'hui, nous sommes ainsi capables de reconstituer l'ADN, la structure de la vie, de même que la structure du fonctionnement de la réalité tout entière — au point d'être capable de la ré-assembler en partie et de com-

---

1. Gn, 1,31. (*N.d.T.*)

mencer déjà à construire nous-mêmes de la vie. Dans cette mesure, ce progrès a aussi apporté à l'homme de nouvelles possibilités.

L'idée fondamentale était : le progrès, c'est la connaissance.
Et la connaissance, c'est le pouvoir. C'est-à-dire que je peux aussi disposer de ce que je connais. La connaissance a apporté le pouvoir, mais de telle sorte que ce pouvoir qui est le nôtre nous permet aussi de détruire ce monde que nous croyons avoir percé à jour.

Il devient ainsi manifeste qu'il manque un point de vue essentiel dans la combinaison que nous connaissons à ce jour, celle d'un concept de progrès fait de connaissance et de pouvoir : l'aspect du bien. La question est : qu'est-ce qui est bien ? Où la connaissance doit-elle mener le pouvoir ? S'agit-il seulement de pouvoir disposer des choses, ou faut-il poser la question des critères intérieurs, de ce qui est bon pour l'homme, pour le monde ? Voilà, me semble-t-il, ce qui ne s'est pas suffisamment produit. Ainsi l'aspect éthique, dont relève la responsabilité devant le Créateur, est-il au fond largement absent. Si l'on n'exerce que son propre pouvoir grâce à sa propre connaissance, cette sorte de progrès devient véritablement destructrice.

Quelles conséquences cela devrait-il avoir maintenant ?
Il faudrait aujourd'hui engager un grand examen de conscience. Qu'est-ce réellement que le progrès ? Est-ce un

progrès que de pouvoir détruire ? Est-ce un progrès de pouvoir fabriquer, sélectionner et éliminer soi-même des êtres humains ? Comment le progrès peut être maîtrisé du point de vue éthique et humain ? Mais ce ne sont pas seulement les critères du progrès qui doivent être considérés maintenant. Outre la connaissance et le progrès, il s'agit aussi de l'autre concept fondamental des temps modernes : de la liberté, entendue comme liberté de pouvoir tout faire.

De cette idée, on tire la prétention selon laquelle la science n'est pas divisible. C'est-à-dire que ce que l'on peut faire, on doit aussi le faire. Toute autre attitude serait contraire à la liberté.

Est-ce vrai ? Je pense que ce n'est pas vrai. Nous voyons à quel point le pouvoir de l'homme a atteint des dimensions monstrueuses. Et ce qui n'a pas grandi parallèlement, c'est son potentiel éthique. Cette inégalité se reflète aujourd'hui dans les fruits d'un progrès qui n'est pas pensé moralement. La grande question est maintenant : comment peut-on corriger le concept de progrès et sa réalité pour ensuite le maîtriser positivement de l'intérieur ? Une grande réflexion fondamentale est ici nécessaire.

La conférence sur le climat de la planète, en décembre 2009 à Copenhague, a bien montré à quel point nous nous compliquons la tâche lorsqu'il s'agit de changer ces critères du progrès. Les gouvernements de ce monde avaient eu besoin de dix-sept années, depuis la première rencontre de Rio jusqu'à ce sommet décisif que les scienti-

fiques, les défenseurs de l'environnement et les politiciens ont qualifié de l'une des conférences les plus importantes de l'histoire de l'humanité. Elle se fondait sur les résultats des recherches effectuées par plus d'un millier de scientifiques qui, sous mandat du Groupe d'experts Intergouvernemental sur l'Évolution du climat, le GIEC, ont calculé que les températures globales actuelles ne devaient pas s'élever de plus de deux degrés, sous peine de voir le climat basculer de manière irréversible.

Mais le projet de compromis de Copenhague ne contient même pas de propositions concrètes. La limite de deux degrés sera maintenant dépassée en toute certitude. Cela provoquera des tempêtes, des inondations, des récoltes desséchées. Ce résultat ne doit-il pas aussi renforcer le point de vue de ceux qui tiennent l'humanité pour tout simplement incapable de résoudre dans un effort collectif une menace comme celle du réchauffement climatique ?

C'est effectivement le grand problème. Que pouvons-nous faire ? Face à la catastrophe menaçante, on a partout pris conscience du fait que nous devons prendre des décisions morales. Il y a aussi une conscience plus ou moins marquée d'une responsabilité globale, une conscience du fait que l'éthique ne doit plus concerner seulement son propre groupe ou sa propre nation, mais avoir en vue la terre et tous les humains.

Il existe ainsi un certain potentiel de connaissance morale. Mais faute de disposition au renoncement, il sera difficile de le traduire en volonté et en actes politiques. Cela devrait être discuté dans le cadre des budgets nationaux et en fin de compte par les individus — la question est alors de savoir quelle charge on fait peser sur les différents groupes.

Il devient ainsi évident qu'au bout du compte la volonté politique ne peut pas être efficace si elle ne communique pas à toute l'humanité — notamment chez les principaux vecteurs du développement et du progrès — une nouvelle conscience morale approfondie, une propension au renoncement qui prenne une forme concrète et devienne aussi un critère de valeur pour l'individu. La question est donc celle-ci : comment la grande volonté morale que tous approuvent et que tous appellent de leurs vœux peut-elle devenir une décision personnelle ? Car tant que cela ne se produit pas, la politique reste impuissante. Qui peut faire en sorte que cette conscience générale pénètre aussi dans la sphère personnelle ? Seule peut le faire une instance qui touche les consciences, qui est proche de l'individu et n'appelle pas à de simples effets d'annonce.

L'Église est mise au défi sur ce point. Elle ne partage pas seulement la grande responsabilité, elle est souvent, dirais-je, l'unique espoir. Car elle est si proche de la conscience de beaucoup d'hommes qu'elle peut les amener à certains renoncements et imprimer dans les âmes des attitudes fondamentales.

Le philosophe Peter Sloterdijk dit : « Les hommes sont des athées de l'avenir. Ils ne croient pas en ce qu'ils savent, même quand on leur apporte la preuve incontestable de ce qui va survenir. »

Sur le plan théorique, ils le savent peut-être. Mais ils se disent que cela ne tombera pas sur eux. Qu'en tout cas, *eux* ne changeront pas leur vie. Et puis, au bout du compte, ce ne sont pas seulement les égoïsmes individuels qui s'opposent les uns aux autres, mais aussi les égoïsmes de groupe. On est habitué à un certain type de vie et quand celui-ci est menacé, alors naturellement on se défend. On voit aussi trop peu de modèles de renoncement concret possible. De ce point de vue, les communautés religieuses ont une importance exemplaire. Elles peuvent montrer à leur manière qu'un style de vie fondé sur le renoncement rationnel, moral, est tout à fait praticable, sans mettre entièrement entre parenthèses les possibilités de notre temps.

S'il s'agit de donner le bon exemple, l'État se montre un bien mauvais modèle. Les gouvernements accumulent les dettes à une hauteur jusqu'alors inouïe. Un pays comme l'Allemagne dépense à lui seul, pour l'année 2010, 43,9 milliards d'euros pour payer des intérêts aux banques : parce que malgré toute notre richesse, nous avons vécu bien au-dessus de nos moyens. À lui seul, le paiement de ces intérêts suffirait à assurer pendant un an l'alimentation des enfants des pays en développement. Dans le monde entier, depuis l'explosion de la crise financière, les dettes des États ont augmenté de 45 % — s'élevant à plus de cinquante mille milliards de dollars, chiffres inconcevables, situation encore inouïe. Pour l'année 2010, les seuls membres de l'Union Européenne auront levé plus de huit cents milliards d'euros de nouveaux crédits. La nouvelle dette budgétaire des États-Unis est de mille six cents milliards de dollars, le chiffre le plus élevé de tous les temps. Le professeur de Harvard Kenneth Rogoff dit aussi qu'il n'y a plus de normalité, qu'il n'en reste plus qu'une illusion. Il est avéré que les générations suivantes seront accablées de dettes gigantesques. N'est-ce pas aussi un problème moral d'une folle ampleur ?

Bien sûr que si, parce que nous vivons aux dépens des générations futures. On voit bien ici que nous vivons dans la non-vérité. Nous vivons sur l'apparence, et nous faisons comme si ces dettes massives ne concernaient que nous. Ici aussi, tout le monde comprend en théorie qu'il faudrait une réflexion générale pour voir de nouveau ce qui est réellement possible, ce que l'on peut, ce que l'on doit faire. Et pourtant cela ne pénètre pas dans le cœur des hommes.

Il faut un examen de conscience global sur les différents plans de financement particuliers. L'Église a essayé d'y contribuer avec l'encyclique *Caritas in veritate*. On n'y donne pas de réponses qui résoudront tout. Mais on a fait un pas pour placer les choses dans une autre perspective, pour ne pas les regarder du point de vue de la faisabilité et du succès, mais en considérant qu'il existe une norme de la charité, qui s'oriente selon la volonté de Dieu et pas seulement d'après nos souhaits. Dans cette mesure, on devrait donner des impulsions qui mèneraient à un véritable changement de conscience.

Nous avons reconnu le problème de la destruction de l'environnement. Mais l'idée que la condition préalable au sauvetage de l'écologie soit le sauvetage de notre couche d'ozone psychique et particulièrement celui de nos forêts tropicales spirituelles, cela semble ne pénétrer que lentement dans notre conscience. Qu'en est-il de la pollution de la pensée, de la souillure de nos âmes ? Beaucoup de ce que nous admettons dans cette culture de médias et de commerce correspond au fond à une charge toxique qui aboutit presque nécessairement à un empoisonnement spirituel.

Qu'il y ait un empoisonnement spirituel et qu'il nous guide d'avance dans de fausses perspectives, on ne peut pas le nier. Nous en libérer de nouveau au moyen d'une réelle conversion, pour utiliser ce mot fondamental de la foi chrétienne, c'est l'une des exigences dont l'évidence est entre-temps devenue visible de tous. Dans notre monde organisé par la science et la modernité, de tels concepts n'avaient plus de signification. Une conversion, dans le sens de la foi en une volonté de Dieu qui nous indique le chemin, était considérée comme démodée et dépassée. Mais je crois que l'on commence peu à peu à comprendre qu'il y a quelque chose de vrai lorsque nous disons que nous devons changer de manière de voir les choses.

L'abbesse et médecin Hildegard von Bingen a déjà exprimé ce lien il y a neuf cents ans : « Quand l'être humain pèche, le cosmos souffre. » Les problèmes de l'heure historique que nous vivons aujourd'hui, écrivez-vous dans votre livre sur Jésus, sont les conséquences du fait que Dieu n'est plus entendu. Vous parlez même de « l'extinction de la lumière qui vient de Dieu ».

Pour beaucoup, l'athéisme pratique est aujourd'hui la règle normale de vie. On se dit que quelque chose ou quelqu'un a peut-être effectivement créé le monde dans des temps immémoriaux, mais cela ne nous concerne en rien. Si cette disposition d'esprit devient une attitude de vie générale, alors la liberté n'a plus de critères, alors tout est possible et permis. C'est pourquoi il est urgent que la question de Dieu reprenne une place centrale. Ce n'est cependant pas un Dieu qui existe quelque part, mais un Dieu qui nous connaît, qui nous parle et nous concerne — et qui est aussi notre juge.

5

Dictature du relativisme

L'écrivain britannique Aldous Huxley a prédit en 1932, dans son livre futuriste, Le meilleur des mondes, *que la falsification serait le levier décisif de la modernité. Dans la fausse réalité, avec sa fausse vérité — ou même son absence de vérité — à la fin rien n'a plus d'importance. Il n'y a pas de vérité, il n'y a pas de position fiable.*

Effectivement, la vérité est entre-temps considérée comme un concept trop subjectif pour que l'on puisse encore y trouver un critère communément valable. La distinction entre l'authentique et l'inauthentique semble abolie. Tout est dans une certaine mesure négociable. Est-ce cela, le relativisme contre lequel vous mettez si instamment en garde ?

Il est notoire que le concept de vérité est désormais un objet de soupçon. On en a beaucoup abusé, c'est exact. Au nom de la vérité, on a pu justifier l'intolérance et la cruauté. Quand quelqu'un dit : c'est la vérité, ou : je détiens la vérité, cela nous fait peur. Nous n'avons jamais la vérité, dans le meilleur des cas c'est elle qui nous a. Personne ne contestera qu'il faut se montrer prudent et précautionneux en cette matière. Mais la supprimer simplement en la disant inaccessible, c'est une destruction en règle.

Une grande partie des philosophes d'aujourd'hui persiste effectivement à dire que l'homme n'est pas capable de vérité. Mais vu ainsi, il ne serait pas non plus capable d'*ethos*. Nous n'aurions plus aucune norme. On n'aurait plus alors à s'interroger sur comment se débrouiller, si j'ose dire, et s'il reste un dernier critère, à la rigueur, ce serait de se ranger à l'avis de la majorité. L'Histoire a pourtant suffisamment montré à quel point les majorités peuvent être destructrices, par exemple dans des systèmes comme le nazisme et le marxisme, qui étaient tout particulièrement opposés à la vérité.

« On est en train de mettre sur pied une dictature du relativisme qui ne reconnaît rien comme définitif et qui donne comme mesure ultime uniquement son propre ego et ses désirs », déclariez-vous dans votre discours pour l'ouverture du conclave.

C'est pourquoi nous devons avoir le courage de dire : oui, l'homme doit chercher la vérité ; il est capable de vérité. Que la vérité ait besoin de critères qui permettent de la vérifier et de s'assurer qu'elle n'a pas été falsifiée, cela va de soi. Elle doit toujours aussi aller de pair avec la tolérance. Mais la vérité nous fait alors apparaître ces valeurs constantes qui ont donné sa grandeur à l'humanité. Il faut apprendre de nouveau et pratiquer l'humilité qui permet de reconnaître la vérité comme porteuse de repères.

Que la vérité ne parviendra pas à régner par la force, mais par son propre pouvoir, c'est le contenu central de l'Évangile selon saint Jean. Jésus se présente devant Pilate comme La Vérité et comme témoin de la vérité. Il ne défend pas la vérité avec l'aide de légions, mais la rend visible par sa Passion, et c'est aussi de cette façon qu'il la met en vigueur.

Dans le monde devenu relativiste, un nouveau paganisme a pris de plus en plus d'empire sur la pensée et l'action de l'homme. À côté de l'Église, c'est devenu depuis longtemps évident, il n'y a pas seulement un espace libre, un vacuum, mais une sorte d'anti-Église s'est établie. Déjà le pape de Rome serait à condamner, écrivait un journal allemand, parce qu'avec ses positions « il a offensé la religion aujourd'hui en vigueur dans ce pays », c'est-à-dire la « religion de la société civile ». Est-ce la naissance d'un nouveau « Kulturkampf¹ », comme l'analysait Marcello Pera ? L'ancien président du Sénat italien parle du « grand combat engagé par la laïcité contre le christianisme ».

Une nouvelle intolérance se répand, c'est tout à fait manifeste. Il y a des critères de pensée bien rodés qui doivent être imposés à tous. On les répand ensuite sous le nom de tolérance négative. Par exemple, quand on dit qu'à cause de la tolérance négative, il ne doit pas y avoir de crucifix dans les bâtiments publics. Au fond, c'est la suppression de la tolérance que nous

---

1. Le *Kulturkampf*, « combat de civilisation », désigne la lutte menée par Bismarck contre les catholiques allemands entre 1871 et 1878. (*N.d.T.*)

vivons ainsi, car il s'agit de refuser à la religion, à la foi catholique, le droit de s'exprimer de manière visible.

Quand par exemple, au nom de la non-discrimination, on veut forcer l'Église catholique à modifier sa position sur l'homosexualité ou l'ordination des femmes, cela veut dire qu'elle ne peut plus vivre sa propre identité et qu'au lieu de cela, on fait d'une religion négative et abstraite un critère tyrannique auquel chacun doit se plier. On prend ça pour la liberté uniquement parce que c'est une libération de toutes les valeurs qui existaient jusqu'à présent.

Mais en réalité, cette évolution mène peu à peu à la revendication intolérante d'une nouvelle religion, qui prétend être valable pour tout parce qu'elle est rationnelle, ou même parce qu'elle est la raison en soi, qui sait tout et doit délimiter l'espace déterminant pour tous et pour chacun.

Qu'au nom de la tolérance la tolérance soit abolie, c'est une menace réelle, et c'est à elle que nous faisons face. Le danger, c'est que la raison — ce que l'on appelle la raison occidentale — affirme qu'elle a réellement découvert ce qui est juste et élève une prétention totalitaire qui est ennemie de la liberté. Je crois que nous devons dénoncer très énergiquement ce danger. Personne n'est forcé d'être chrétien. Mais personne ne doit être forcé de devoir vivre la « nouvelle religion » comme la seule déterminante, celle qui engage l'humanité tout entière.

L'agressivité avec laquelle cette nouvelle religion se présente, le magazine Der Spiegel *l'a décrite comme « une croisade des athées ».*

C'est une croisade qui tourne en dérision le christianisme comme une « folie de Dieu » et qui qualifie la religion de malédiction, cause de toutes les guerres.

Vous avez vous-même parlé d'une « agression plus ou moins subtile contre l'Église ». Même sans régime totalitaire, une pression s'exerce pour vous obliger à penser comme tout le monde. Les attaques contre l'Église montrent, disiez-vous, « à quel point ce conformisme peut être une vraie dictature ». Dures paroles.

Mais la réalité, c'est effectivement que des formes précises de comportement et de pensée sont présentées comme les seules raisonnables et donc les seules à la mesure de l'être humain. Le christianisme se voit alors exposé à la pression d'une intolérance qui d'abord le rend ridicule, et veut ensuite lui dérober son espace vital au nom d'une apparente rationalité.

Il est très important que nous nous opposions à une telle prétention d'absolu émise par ce type de « rationalité » bien précise. Celle-ci n'est justement pas la raison pure elle-même, mais la limitation de la raison à ce que les sciences de la vie permettent de connaître — jointe à l'exclusion de tout ce qui dépasse cette limite. Il est vrai, bien sûr, qu'il y a aussi eu dans l'histoire des guerres de religion, que la religion a aussi conduit à la violence…

Mais ni Napoléon, ni Hitler, ni l'armée américaine au Vietnam n'ont mené de combats pour la foi. Inversement, il y a juste soixante-dix ans que des systèmes athées à l'Ouest et à l'Est ont conduit le monde à la ruine ; dans une époque éloignée de Dieu, que l'écrivain américain Louis Begley appelait « un Requiem satanique ».

La grande force du bien reste d'autant plus vraie. Cette force a été déliée par la religion et grâce à de grands noms — François d'Assise, Vincent de Paul, Mère Teresa, etc. Elle traverse et illumine toute l'Histoire. Inversement, les nouvelles idéologies ont conduit à une sorte de cruauté et de mépris envers l'être humain, chose auparavant inconcevable car on respectait toujours l'image de Dieu dans l'homme. Sans ce respect, l'homme se place lui-même comme un absolu et tout lui est permis, alors il devient réellement destructeur.

D'un autre côté, on pourrait dire qu'un État doit, en considération de l'égalité de tous, être légitimé à bannir de l'espace public les symboles religieux, y compris la croix du Christ. Est-ce un raisonnement tenable ?

Sur ce point, il faut d'abord poser une question : pourquoi l'État doit-il bannir la croix ? Si la croix contenait un message déraisonnable et non assimilable par d'autres, cela serait plutôt inquiétant. Mais la croix contient le message que Dieu lui-même souffre, qu'il nous manifeste son affection à travers sa souffrance, qu'il nous aime. C'est un message qui n'agresse personne. Voici déjà un point.

D'autre part, il existe aussi bien entendu une identité culturelle au fondement de nos pays. Une identité qui les forme positivement, qui les porte depuis l'intérieur et qui détermine toujours les valeurs positives et la structure fondamentale de la société. Grâce à elles, l'égoïsme est repoussé dans ses frontières et une culture de l'humain est possible. Je dirais qu'une telle expression culturelle d'une société par elle-même, qui en vit *positivement*, ne peut offenser ceux qui ne partagent pas cette conviction, et que cette expression ne doit pas non plus être bannie.

En Suisse, les citoyens n'ont pas voté contre la construction de mosquées, mais contre la construction de minarets dans les mosquées. En France, le parlement a interdit le port de la burqa. Les chrétiens peuvent-ils s'en réjouir ?

Les chrétiens sont tolérants, pour eux chacun est responsable de la conception qu'il se fait de lui-même. Nous sommes reconnaissants qu'il y ait dans les pays du Golfe arabique (Qatar, Abou Dhabi, Dubaï, Koweït) des églises où les chrétiens peuvent célébrer l'office divin, et nous souhaitons qu'il en soit partout ainsi. Il est donc tout naturel que les musulmans puissent chez nous aussi se rassembler dans des mosquées pour la prière.

En ce qui concerne la burqa, je ne vois aucune raison de prononcer une interdiction générale. On dit que certaines femmes ne la porteraient pas de leur plein gré et qu'elle est en réalité une violence faite à la femme. Si tel est le cas, bien entendu, on ne peut pas être d'accord. Mais si elles veulent la porter de leur plein gré, je ne vois pas pourquoi on doit la leur interdire.

En Italie, 80 % des habitants ont reçu le baptême catholique. Au Portugal, ce chiffre est de 90 %, en Pologne également, dans la petite Malte 100 %. En Allemagne, plus de 60 % de la population appartient encore aux deux confessions chrétiennes, une autre partie considérable à d'autres communautés chrétiennes. La culture chrétienne occidentale est sans aucun doute le fondement du succès et du bien-être de l'Europe — pourtant aujourd'hui une majorité accepte d'être dominée par une minorité de directeurs d'opinion. Situation étrange, sinon schizophrène.

Cela fait apparaître une problématique interne. Jusqu'à quel point en effet les gens appartiennent-ils encore à l'Église ? D'un côté, ils veulent en faire partie, ils ne veulent pas perdre ce fondement. De l'autre, ils sont aussi intérieurement influencés et formés par la pensée moderne. Toute la vie est marquée par le mélange et la fréquentation non assimilés de volonté chrétienne fondamentale et d'une nouvelle philosophie. Cela engendre une sorte de schizophrénie, une existence scindée.

Nous devons nous efforcer de faire en sorte que les deux, Église et pensée moderne, autant que cela puisse se concilier, s'adaptent l'une à l'autre. L'existence chrétienne ne doit pas devenir une sphère archaïque que je maintiens d'une manière ou d'une autre et où je vis en quelque sorte *à côté* de la modernité. C'est bien plutôt quelque chose de vivant, de moderne, qui travaille et forme l'ensemble de ma modernité — qui, littéralement, l'embrasse.

Qu'il faille mener une grande lutte intellectuelle sur ce terrain, je l'ai récemment exprimé en fondant un « Conseil pontifical pour la nouvelle évangélisation. » Il est important que nous essayions de vivre et de penser le christianisme de telle manière que la bonne, la vraie modernité l'accepte en soi — et en même temps se sépare et se distingue de ce qui devient une contre-religion.

Objectivement, l'Église catholique est la plus grande organisation du monde, avec sur le globe terrestre entier un réseau central qui fonctionne bien. Elle a un milliard deux cent millions de membres, quatre mille évêques, quatre cent mille prêtres, des millions de religieux. Elle a des milliers d'universités, de monastères, d'écoles, d'institutions sociales. Elle est le plus grand employeur après l'État dans des pays comme l'Allemagne. Elle n'est pas seulement une marque d'excellence, avec des lignes directrices inébranlables, mais elle a sa propre identité ; avec son propre culte, sa propre éthique, le Saint des saints, l'eucharistie. Et puis elle est légitimée « d'en haut » et peut dire d'elle-même : Nous sommes l'originel, et nous sommes les gardiens du trésor. Que dire de plus ? N'est-il pas étrange, et n'est-ce pas aussi un scandale, que cette Église ne tire pas bien plus de ce potentiel incomparable ?

Nous devons naturellement nous poser la question. C'est le télescopage de deux mondes spirituels, le monde de la foi et le monde sécularisé. La question est de savoir si le mouvement de sécularisation est juste. Où la foi peut-elle et doit-elle s'approprier les formes de la modernité ? Et où doit-elle leur opposer de la résistance ? Cette grande lutte traverse aujourd'hui le monde entier. Les évêques dans les pays du Tiers-monde, me disent : chez nous aussi, la sécularisation existe ; et elle coïncide avec des formes de vie tout à fait archaïques.

On se demande souvent comment il est possible que les chrétiens, qui sont personnellement des êtres croyants, n'aient pas la force de mettre leur foi plus fortement en action sur le plan politique. Nous devons avant tout veiller à ce que les hommes ne perdent pas Dieu du regard. Qu'ils reconnaissent le trésor qu'ils possèdent. Et qu'ensuite, d'eux-mêmes, avec la force de leur propre foi, ils puissent se confronter à la sécularisation et accomplir la séparation des esprits. Cet immense processus est la véritable grande tâche de notre époque. Nous pouvons seulement espérer que la force intérieure de la foi présente dans les hommes acquière aussi une puissance dans la vie publique, en marquant aussi publiquement la pensée, et pour que la société ne tombe pas simplement dans un gouffre sans fond.

Ne pourrait-on pas aussi envisager qu'après deux millénaires, le christianisme est tout simplement épuisé, comme cela est arrivé à d'autres grandes cultures dans l'histoire de la civilisation ?

Si l'on considère cela superficiellement et que l'on se contente d'examiner le monde occidental, on pourrait le penser. Mais si l'on regarde avec plus de précision, ce qui m'a été rendu possible par les visites des évêques du monde entier et par bien d'autres rencontres, on voit que le christianisme développe aujourd'hui une toute nouvelle créativité. Au Brésil, par exemple, il y a d'un côté une forte augmentation des sectes qui sont souvent très suspectes, parce qu'elles promettent pour la plupart la prospérité, le succès extérieur. Mais il y a aussi de nouveaux éveils catholiques, une dynamique de nouveaux mouvements, par exemple les « Hérauts de l'Évangile », de jeunes saisis par l'enthousiasme d'avoir reconnu le Christ comme le fils de Dieu et de le porter dans le monde. Comme me le dit l'archevêque de São Paulo, il naît constamment là-bas de nouveaux mouvements. Il y a donc là une force de renouveau et de nouvelle vie. Ou encore pensons à ce que l'Église signifie pour l'Afrique. Là-bas, elle est souvent le seul point fixe et stable dans les troubles et les destructions des guerres, le seul refuge où il y a encore de l'humanité ; où l'on fait quelque chose pour les êtres humains. Elle s'emploie à prolonger la vie, à soigner les malades, à faire que des enfants puissent venir au monde et être élevés. Elle est une force de vie qui crée à nouveau de l'enthousiasme et ouvre ensuite de nouveaux chemins.

D'une manière moins évidente, et pourtant indéniable, on assiste aussi, chez nous en Occident, au lancement de nouvelles initiatives catholiques qui ne sont pas commandées par une structure, par une bureaucratie. La bureaucratie est usée et fatiguée. Ces initiatives viennent de l'intérieur, de la joie qui transporte de jeunes êtres. Le christianisme prend peut-être un autre visage et aussi une autre forme culturelle. Il ne tient pas la place de donneur d'ordres dans l'opinion mondiale, là ce sont d'autres qui gouvernent. Mais il est la force de vie sans laquelle les autres choses non plus ne pourraient pas survivre. Grâce à tout ce que je vois et vis moi-même, je suis tout à fait optimiste sur le fait que le christianisme se trouve dans une nouvelle dynamique.

Parfois, on a pourtant l'impression que c'est une loi de la nature qui permet au paganisme de regagner à chaque fois les territoires qui ont été défrichés et rendues cultivables par le christianisme...

La structure de l'homme est fondée sur le péché originel ; que le paganisme perce toujours à nouveau en lui, c'est une expérience qui traverse tous les siècles. La vérité du péché originel se confirme. L'homme retombe sans cesse en deçà de la foi, il veut de nouveau n'être que lui-même, il devient païen au sens le plus profond du mot.

Mais la présence divine en l'homme ne cesse de revenir se manifester. C'est la lutte qui traverse toute l'Histoire. Comme l'a dit saint Augustin : l'histoire du monde est une lutte entre deux formes d'amour : l'amour pour soi-même, jusqu'à la destruction du monde ; et l'amour pour les autres, jusqu'au renoncement à soi-même. Ce combat que l'on a toujours pu observer se livre encore maintenant.

6

Le temps de la conversion

Au commencement du troisième millénaire, les peuples de la terre vivent une révolution d'une dimension jusqu'alors inconcevable, qu'elle soit économique, écologique ou sociale. Des scientifiques considèrent que la prochaine décennie sera décisive pour la survie de cette planète.

Saint-Père, vous avez vous-même eu des phrases dramatiques à Rome, en janvier 2010, devant des diplomates : « Notre avenir et le destin de notre planète sont en danger. » Si l'on ne réussit pas bientôt à opérer une conversion sur une large base, le sentiment de perdition et le scénario du chaos vont prendre des forces considérables. À Fatima, votre homélie avait déjà un ton presque apocalyptique : « L'homme a pu déclencher un cycle de mort et de terreur, mais il ne réussit pas à l'interrompre… » Voyez-vous dans les signes des temps les prémices d'une césure qui changera le monde ?

Il y a naturellement des signes qui doivent nous faire peur, qui nous inquiètent. Mais il y a aussi d'autres signes auxquels nous devons nous accrocher et qui nous donnent espoir. Nous avons déjà parlé longuement du scénario de la terreur et du danger que court notre monde. J'ajouterais encore ici quelque chose qui me pèse sur l'âme particulièrement depuis les visites des évêques.

Un grand nombre d'évêques, surtout ceux d'Amérique latine, me disent que là où passe la route de la culture et du trafic de la drogue — et ce sont de grandes parties de ces pays —, on dirait qu'un monstre malveillant s'est emparé du pays pour corrompre les hommes. Je crois que ce serpent du commerce et de la consommation de la drogue, qui enserre le monde, est un pouvoir dont nous ne parvenons pas toujours à nous faire une juste représentation. Il détruit la jeunesse, il détruit les familles, il conduit à la violence et met en danger l'avenir de pays entiers.

Cela aussi compte parmi les terribles responsabilités de l'Occident : il a besoin de drogues et crée des pays qui sont forcés de les lui procurer, ce qui, à la fin, les abîme et les détruit. On a suscité une soif de bonheur qui ne peut se satisfaire de ce qui existe. Et qui trouve refuge dans le paradis du diable, si l'on peut dire, et détruit tout simplement les hommes.

À cela s'ajoute un autre problème. Les évêques nous alertent sur les ravages inimaginables provoqués par le tourisme sexuel dans leur jeunesse. Des processus de destruction extraordinaires sont en cours, nés de cette sorte d'ivresse arrogante, de la satiété et de la fausse liberté du monde occidental.

On voit que l'homme recherche une joie sans borne et voudrait avoir du plaisir à l'extrême, il voudrait l'infini. Mais là où

Dieu n'est pas, cela ne lui est pas accordé, cela ne peut pas exister. L'homme doit alors se créer lui-même le non-vrai, le faux infini.

C'est un signe des temps qui doit susciter notre plus vive attention en tant que chrétiens. Nous devons montrer — et vivre en conséquence — que l'infinité dont l'homme a besoin ne peut venir que de Dieu. Que Dieu est la nécessité première qui permet de résister aux pressions de ce temps. Que toutes les forces de l'âme et du bien doivent se mobiliser pour qu'une véritable empreinte apparaisse et s'oppose à la fausse, coupant court à la circulation du mal.

Si l'on considère la fin des ressources, la fin d'une ancienne époque, la fin d'une certaine manière de vivre, la finitude des choses nous revient à la conscience d'une façon élémentaire — et aussi la fin de la vie en général. Beaucoup d'hommes voient déjà dans les signes de ce temps l'annonce de la fin des temps. Le monde ne va peut-être pas disparaître, dit-on. Mais il prend une nouvelle direction. Une société devenue malade, où augmentent avant tout les problèmes psychiques, ressent un désir brûlant de salut et de rédemption.

Ne faudrait-il pas aussi se demander si cette nouvelle direction n'est pas liée au retour du Christ ?

Il est important, comme vous le dites, qu'existe un besoin de salut, que l'on comprenne de nouveau un peu ce que signifie la rédemption. Les hommes reconnaissent que, si Dieu n'est pas là, l'existence est malade, et que l'être humain ne peut pas subsister. Dans cette mesure notre temps est aussi un temps d'avent, qui offre aussi beaucoup de bien.

Par exemple, la grande communication que nous avons de nos jours peut conduire à une totale dépersonnalisation. On ne fait plus que nager dans la mer de la communication, on ne rencontre plus de personnes réelles. Mais elle peut aussi être une chance Par exemple en nous permettant de percevoir mutuellement notre existence, de nous rencontrer, de nous aider, de sortir de nous-mêmes.

Aussi me paraît-il important de ne pas voir que le négatif. Nous devons certes le percevoir avec une extrême acuité, mais nous devons aussi saisir toutes les opportunités du bien, les espoirs, les nouvelles possibilités de l'homme. Pour proclamer aussi, au bout du compte, la nécessité du tournant, qui ne peut pas se produire sans une conversion intérieure.

Qu'est-ce que cela veut dire concrètement ?

L'un des éléments de cette conversion consiste à remettre Dieu à la première place. Alors tout devient différent. Il faut aussi réfléchir de nouveau aux paroles de Dieu, pour laisser leur lumière entrer comme des réalités dans notre vie. Nous devons, pour ainsi dire, oser faire de nouveau l'expérience de Dieu pour le laisser agir à l'intérieur de notre société.

L'Évangile ne contient pas en soi de message qui viendrait du passé et se serait réalisé. La présence et la dynamique de la révélation du Christ consistent au contraire dans le fait que cette révélation vient dans une certaine mesure de l'avenir, et qu'elle est à son tour d'une importance décisive pour l'avenir de l'individu comme pour l'avenir de tous. « Ainsi le Christ, après s'être offert une seule fois pour enlever les péchés d'un grand nombre, » dit l'Épître aux Hébreux, « apparaîtra une seconde fois, — hors du péché — à ceux qui l'attendent pour leur donner le salut[1] ».

L'Église ne devrait-elle pas aujourd'hui expliquer encore plus clairement que le monde, selon les indications de la Bible, ne se trouve plus seulement dans le temps d'après le Christ, mais dans celui d'avant le Christ ?

C'était une préoccupation de Jean-Paul II, rendre manifeste notre regard en direction du Christ qui vient. Que, donc, celui qui est venu est bien plus encore celui qui va venir, et que nous avons à vivre la foi et l'avenir dans cette perspective. Cela demande que nous soyons réellement en état de représenter de nouveau le message de la foi dans la perspective du Christ qui vient.

On a souvent parlé en vérité du Christ qui vient, mais les formulations se sont usées. Elles ne disent plus grand-chose de notre relation avec la vie et ne sont souvent plus compréhensibles pour nous. Ou alors ce Christ à venir est entièrement vidé et falsifié, réduit à un schéma moral général d'où rien ne vient et qui ne signifie rien. Nous devons donc essayer de dire la substance elle-même — mais de la dire d'une

---

1. He, 9,38. (*N.d.T.*)

manière neuve. Jürgen Habermas[1] a expliqué qu'il était important qu'il y ait des théologiens pour traduire le trésor conservé dans leur foi, pour que ce trésor devienne une parole pour ce monde, y compris dans le monde séculier. Il aura peut-être entendu cela d'une autre manière que nous, mais il a raison en ce sens que le processus intérieur de traduction des grandes paroles en images et en concepts de notre temps est certes en cours de réalisation, mais n'a pas encore vraiment abouti. Cela ne peut se faire que si les hommes vivent le christianisme à partir du Christ à venir. Alors seulement ils pourront aussi l'exprimer. L'expression, la traduction intellectuelle, présuppose la traduction existentielle. Dans cette mesure, ce sont les saints qui vivent le fait d'être chrétien dans le présent et l'avenir, et à partir de l'existence desquels le Christ à venir est aussi traduisible. Le Christ peut alors intégrer l'horizon de compréhension du monde séculier. C'est la grande mission devant laquelle nous nous trouvons.

Le tournant de notre temps a apporté avec lui d'autres formes de vie et des philosophies de la vie, mais aussi une autre perception de l'Église. Les progrès de la recherche médicale représentent de gigantesques défis éthiques. Le nouvel univers de l'Internet pose aussi des questions auxquelles il faut apporter des réponses. Jean XXIII s'est référé au changement survenu après les deux Guerres mondiales

---

1. Jürgen Habermas, philosophe et sociologue allemand, né le 18 juin 1929. (*N.d.A.*)

pour voir dans les « signes des temps », (il le dit dans sa bulle Humanae salutatis *du 25 décembre 1961, pour la convocation de Vatican II) la nécessité d'un concile, même s'il était alors un vieil homme malade.*
   Benoît XVI fera-t-il la même chose ?

Jean XXIII a fait un grand geste non renouvelable en confiant à un concile universel la tâche de comprendre à nouveau aujourd'hui la parole de la foi. Avant toute chose, le concile s'est chargé et acquitté de la grande tâche de redéfinir aussi bien la destination que la relation de l'Église avec l'ère moderne, et la relation de la foi avec ce temps et ses valeurs. Mais transposer ce qui est dit dans l'existence et rester en même temps dans la continuité intérieure de la foi, c'est un processus bien plus difficile que le concile lui-même. D'autant plus que le Concile a été connu par le monde à travers l'interprétation des médias et moins par ses propres textes que presque personne ne lit.

Je crois que notre grande tâche est maintenant, une fois quelques questions fondamentales éclaircies, de remettre avant tout en lumière la priorité de Dieu. Aujourd'hui, l'important est que l'on voie de nouveau que Dieu existe, qu'Il nous concerne et qu'Il nous répond. Et qu'inversement s'Il manque, aussi intelligent que soit tout le reste, l'homme perd alors sa dignité et son humanité particulière, et qu'ainsi l'essentiel s'effondre. C'est pourquoi, je crois, poser la priorité de la question de Dieu doit être aujourd'hui le point sur lequel nous devons faire peser tout notre effort.

Vous pensez que l'Église catholique pourrait faire l'économie d'un concile Vatican III ?

Nous avons eu vingt conciles au total, il y en aura certainement un autre un jour ou l'autre. Pour l'instant, à mon avis, les conditions ne sont pas réunies. Je crois qu'en ce moment les synodes sont le bon instrument ; tout l'épiscopat y est représenté et se trouve pour ainsi dire dans un mouvement de recherche qui maintient l'Église tout entière en cohésion et en même temps la fait avancer. Le moment de réunir un grand concile reviendra-t-il ? L'avenir en décidera.

Pour l'heure, nous avons avant tout besoin des mouvements par lesquels l'Église universelle place des jalons, en puisant dans les expériences du temps et instruite par la connaissance intérieure de sa foi et de sa force. Elle fait ainsi de la présence de Dieu un point essentiel.

En tant que successeur de Pierre, vous rappelez toujours le « plan » décisif qu'il y aurait pour ce monde. Pas un plan A ou je ne sais quel plan B, mais le plan de Dieu. « Dieu n'est pas indifférent à l'histoire de l'humanité », proclamiez-vous, en ajoutant qu'en fin de compte le Christ est « le Seigneur de toute la Création et de toute l'Histoire ». Karol Wojtyla avait pour mission de faire franchir le seuil du IIIe millénaire à l'Église catholique. Quelle est la mission de Joseph Ratzinger ?

Je dirais que l'on ne devrait pas autant démembrer l'Histoire. Nous œuvrons à un tissu commun. Karol Wojtyla a été en quelque sorte offert par Dieu à l'Église dans une situation critique très précise : d'un côté, la génération marxiste, la génération de 68, mettait en question l'Occident tout entier, et de l'autre, le socialisme réel qui s'effondrait. Dans cet affrontement, ouvrir une percée à la foi et la montrer comme le centre et le chemin, c'était un instant historique d'une nature singulière.

Il n'est pas obligatoire que chaque pontificat ait une toute nouvelle mission à remplir. Il s'agit à présent de continuer et de saisir la dramaturgie de l'époque, de maintenir en vie la parole de Dieu comme parole décisive — et en même temps de donner au christianisme cette simplicité et cette profondeur sans lesquelles il ne peut pas agir.

Deuxième partie

Le pontificat

7

Habemus papam

Rarement, auparavant, l'élection d'un pape a été aussi rapide et unanime. Dès après les premiers tours de vote, les choses s'étaient « tournées avec dynamisme vers le nouveau pape », raconte le cardinal de Curie Walter Kasper. Vous-même, vous avez prononcé pendant le conclave une prière semblable à celle de Jésus au jardin de Gethsémani : « Seigneur, ne me fais pas cela ! Tu en as de plus jeunes et de meilleurs. »

Voir l'incroyable se réaliser, ce fut un vrai choc. J'étais persuadé qu'il y en avait de meilleurs et de plus jeunes. Sur les raisons pour lesquels le Seigneur m'avait fait cela, je devais m'en remettre à Lui. J'ai essayé de garder ma tranquillité d'âme en Lui faisant confiance pour me guider désormais. Il faudrait que je me coule lentement dans chacune des tâches à accomplir, en fonction de ce que je pourrais faire, et que je me limite chaque fois au pas suivant.

Je trouve justement cette parole du Seigneur tellement importante pour toute ma vie : « Ne vous inquiétez donc pas du lendemain : à chaque jour suffit sa peine.[1] » Une peine quotidienne, c'est suffisant pour un être humain, il ne peut pas en supporter davantage. Aussi je m'efforce de me concentrer pour supporter la peine du jour, et de laisser le reste au lendemain.

Dans la loggia de la basilique Saint-Pierre, vous avez dit d'une voix tremblante, lors de votre première apparition, qu'après « le grand pape Jean-Paul II », Dieu avait élu « un simple et humble ouvrier de la vigne du Seigneur ». Ce qui vous consolait, c'était que le Seigneur savait aussi « travailler avec des instruments imparfaits ». Était-ce seulement une litote pontificale ? Quoi qu'il en soit, il y avait de bonnes raisons à votre élection. Personne n'a abordé en tant que théologien aussi ouvertement et intensément les grands thèmes : relativisme de la société moderne, discussions de forme à l'intérieur de l'Église, raison et foi au siècle de la science moderne. Comme préfet de la Congrégation pour la doctrine de la foi, vous avez posé votre empreinte sur le précédent pontificat. Sous votre direction est né le catéchisme universel, l'une des entreprises gigantesques de l'ère Wojtyla.

J'exerçais certes une fonction dirigeante, toutefois je n'ai rien fait seul, mais j'ai pu travailler en équipe. Comme un parmi ceux, très nombreux, qui travaillent à la récolte dans la vigne du Seigneur. Peut-être comme contremaître, mais pas comme un homme fait pour être le premier et porter la responsabilité de l'ensemble. Il ne me restait qu'à me dire qu'à

---

1. Mt 6,34. (*N.d.T.*)

côté des grands papes il y en avait aussi de petits, qui donnent ce qu'ils peuvent. Dans cette mesure, j'ai dit ce que je ressentais vraiment.

Vous êtes resté vingt-quatre ans aux côtés de Jean-Paul II et vous connaissiez la curie comme personne. Mais combien de temps vous a-t-il fallu pour comprendre tout à fait le gigantisme écrasant de cette charge ?

On comprend très vite que c'est une charge immense. Quand on sait que comme aumônier, comme curé, comme professeur, on porte déjà une grande responsabilité, il est facile d'imaginer par extrapolation quel fardeau gigantesque pèse sur celui qui porte la responsabilité de toute l'Église. Mais alors on doit être d'autant plus conscient que l'on ne fait pas cela tout seul. On le fait d'un côté avec l'aide de Dieu, d'un autre côté avec un grand nombre de collaborateurs. Vatican II nous a enseigné avec raison que la collégialité est constitutive de la structure de l'Église. Que le pape n'est premier qu'avec les autres et qu'il n'est pas quelqu'un qui prendrait des décisions tout seul en monarque absolu et ferait tout lui-même.

Saint Bernard de Clairvaux, au XIIe siècle, avait composé à la demande du pape Eugène III, un examen de conscience intitulé « Ce qu'un pape doit prendre en considération ». Bernard ressentait une cordiale aversion pour la curie romaine et recommandait surtout au pape la vigilance. Dans le tourbillon des affaires, le pape devait prendre des distances, garder une vue d'ensemble et être capable de *prendre des décisions à propos des abus que l'on commet tout spécialement autour d'un pape.* Bernard écrit qu'il redoute avant tout « *qu'au milieu de vos occupations sans nombre, perdant tout espoir d'en voir jamais la fin, vous ne finissiez par vous y faire et vous y endurcir au point de ne plus rien ressentir même une juste et utile douleur*[1]. » *Pouvez-vous aujourd'hui comprendre par votre propre expérience ces* « *considérations* » ?

Les *Considérations* de saint Bernard sont une lecture obligée pour chaque pape. Il y a là aussi de grandes choses, par exemple : rappelle-toi que tu n'es pas le successeur de l'empereur Constantin, mais le successeur d'un pêcheur[2].

Le ton fondamental est celui que vous avez indiqué : ne pas tomber dans l'activisme ! Il y a tant à faire que l'on pourrait être continuellement à l'œuvre. Et c'est exactement cela qui est faux. Ne pas tomber dans l'activisme signifie garder la *consideratio*, la circonspection, le regard profond, la vision, le temps de l'examen intérieur, de la vue, et savoir se conduire avec les choses, avec Dieu et au sujet de Dieu. Ne pas penser qu'il faut travailler sans interruption, c'est important pour chacun, pour n'importe quel *manager* et d'autant plus pour un pape. Il doit beaucoup déléguer aux autres afin de garder une vue d'ensemble intérieure, la concentration intérieure d'où peut venir la vision de l'essentiel.

---

1. Bernard de Clairvaux, *Les cinq livres de la considération de Saint-Bernard, Premier abbé de Clairvaux, au pape Eugène III*, chapitre II, alinéa 3. (*N.d.T.*)
2. *Ibid.*, III, 6. (*N.d.T.*)

On a toutefois déjà l'impression que le pape Benoît travaille sans interruption, qu'il ne s'autorise aucune pause.

Mais non, voyons...

Vous êtes l'un des plus zélés, peut-être même le plus ardent travailleur de tous les papes.

Mais entre tout cela, il y a aussi la réflexion, la lecture des saintes Écritures, la méditation sur ce qu'elles me disent. On ne peut pas passer sa vie à travailler des dossiers. Je les lis aussi autant que je peux. Mais j'ai toujours sous les yeux l'appel de saint Bernard, qui me dit que l'on ne doit pas se perdre dans l'activisme.

Le soir de son élection au trône de Pierre, Paul VI écrivait dans son journal intime : « Je me trouve dans les appartements pontificaux. Profond sentiment de malaise et de confiance à la fois... Puis c'est la nuit, prière et silence, non, ce n'est pas du silence, le monde m'observe et m'assaille. Il faut que j'apprenne à les aimer réellement, l'Église telle qu'elle est, le monde tel qu'il est. »

Aviez-vous aussi au début, comme Paul VI, un peu peur des masses humaines que vous alliez forcément devoir affronter ? Paul VI avait même songé à suspendre de nouveau la prière de l'Angelus à la fenêtre du palais pontifical. Il écrivait : « Quel est ce besoin de voir un homme ? Nous sommes devenus un spectacle. »

Oui, je comprends très bien les sentiments de Paul VI. La question est la suivante : est-il vraiment juste que l'on s'expose sans cesse à la foule et que l'on se laisse regarder comme une star ? D'un autre côté, les gens ont un vif désir de voir le pape. Il ne s'agit pas tellement d'entrer en relation avec la personne, mais du contact physique avec cette fonction, avec le représentant sacré, avec le mystère qu'il y ait un successeur de Pierre et quelqu'un qui doive représenter le Christ. En ce sens, il faut l'accepter et ne pas prendre pour soi-même, comme un compliment personnel, les acclamations de la foule.

Avez-vous peur d'un attentat ?
Non.

L'Église catholique est le premier et le plus grand global player *de l'histoire du monde. Mais il est notoire qu'elle n'est pas une entreprise et que le pape n'est pas le chef d'un groupe industriel. Qu'est-ce qui la différencie de la direction d'un empire commercial multinational ?*
Eh bien, nous ne sommes pas un centre de production, nous ne sommes pas une entreprise qui recherche le profit, nous sommes l'Église. C'est-à-dire une communauté d'hommes et de femmes rassemblée dans la foi. Notre tâche n'est pas de fabriquer n'importe quel produit ou d'avoir du succès dans la vente de marchandises. Notre tâche est plutôt de vivre la foi, de la proclamer et en même temps de maintenir cette communauté de volontaires qui traverse toutes les cultures, qui franchit les nations et les époques, et qui ne repose pas sur des intérêts extérieurs, mais sur une relation intérieure avec le Christ et donc avec Dieu lui-même.

Y eut-il des erreurs initiales ?

Vraisemblablement. Mais je ne peux pas dire cela maintenant en détail. Peut-être fait-on même davantage d'erreurs plus tard, en devenant moins prudent.

N'étiez-vous pas au début un peu oppressé par le sentiment d'être emprisonné ? C'est-à-dire que parfois, le pape, pour le dire vulgairement, prend en secret la clé des champs.

Je ne fais pas ça. Mais, en effet, ne plus pouvoir tout simplement faire une excursion, ou rendre visite à des amis, tout bonnement rester chez soi, de nouveau comme autrefois dans ma maison de Pentling, ou descendre en ville avec mon frère, aller au restaurant ou voir quelque chose de son propre chef, tout seul, oui c'est naturellement une perte. Mais plus on vieillit, moins on apprécie les initiatives ; on en souffre donc moins.

Certains pensent que le pape se trouve dans une sorte de milieu isolé. Il ne respire que de l'air filtré et rien ne lui parvient plus de ce qui se passe « à l'extérieur ». Il ne connaît plus vraiment les soucis et les détresses des hommes.

Je ne peux naturellement pas lire tous les journaux ni rencontrer un nombre illimité de personnes. Mais peu de gens, je crois, font autant de rencontres que moi. Ce qui compte le plus pour moi, ce sont les rencontres avec les évêques du monde entier. Ils ont les deux pieds sur terre et ne viennent pas par lubie mais pour parler avec moi de l'Église dans leur pays et de la vie dans leur pays. Je peux ainsi découvrir les choses de ce monde de manière très humaine, personnelle et réaliste, et même les observer de plus près qu'en lisant le journal. De cette manière, j'obtiens de nombreuses informations de fond.

À l'occasion, une mère vient aussi, ou une sœur ou un ami, qui voudraient me dire ceci ou cela. Ce ne sont pas seulement des visites de fonction, mais des visites profondément humaines. Et, naturellement, la communauté pontificale m'est très précieuse. À cela s'ajoutent les visites d'amis de l'ancien temps. Dans l'ensemble, donc, je ne pourrais pas dire que je vis dans un monde artificiel de courtisans, mais je vis le monde normal de cette vie quotidienne et de ce temps, d'une manière très directe et personnelle, à travers beaucoup de rencontres.

Le pape suit-il tous les jours les informations ?
Cela aussi, naturellement.

Il y a déjà eu dans l'Histoire pape et anti-pape. Mais il y eut rarement — ou peut-être jamais encore —, deux successeurs de Pierre fusionnant à ce point l'un avec l'autre, on pourrait dire en une sorte de pontificat du millénium, comme Jean-Paul II et Benoît XVI. Pour votre prédécesseur, l'essentiel était la mauvaise évolution globale de la société, particulièrement dans l'Est de l'Europe, aujourd'hui le point principal porte davantage sur l'Église elle-même. Pourrait-on dire que grâce à ce qui les distingue,

Jean-Paul II et Benoît XVI se complètent parfaitement ? L'un a d'une certaine manière labouré — l'autre sème. L'un a ouvert — l'autre remplit ?

Ce serait peut-être trop dire. Les temps changent aussi. Aujourd'hui, une nouvelle génération est là, avec de nouveaux problèmes. La génération de 68, avec ses particularités, s'est rangée et a passé. La génération suivante, plus pragmatique, est déjà à son tour vieillissante. Aujourd'hui, la question est bien la suivante : Comment s'en sortir dans un monde qui est à lui-même sa propre menace, où le progrès devient un danger ? Pourquoi ne pas essayer de nouveau avec Dieu ? La question de Dieu se pose autrement pour la nouvelle génération. La nouvelle génération ecclésiastique, elle aussi, est différente, plus positive que la génération des années 1970.

Vous avec pris votre fonction pour vous consacrer à une rénovation intérieure de l'Église. On peut « établir à coup sûr que la parole de Dieu demeure dans sa grandeur et retentit de nouveau dans sa pureté — si bien qu'elle n'est pas ébranlée par les constants changements de la mode ». Dans votre livre sur Jésus, il est dit : « Sans cesse l'Église, l'individu ont besoin de purification... Ce qui est devenu trop grand doit être de nouveau rappelé à la simplicité et à la pauvreté du Seigneur. » Dans une entreprise, on dirait : retour à l'origine, à la compétence centrale. Que signifie pour votre gouvernement, concrètement, cette rénovation intérieure ?

Elle signifie déterminer les points où l'on a apporté des choses superflues, inutiles, et chercher comment nous pouvons mieux réussir à faire l'essentiel, afin de mieux entendre, vivre et proclamer dans notre temps la parole de Dieu.

L'année Saint-Paul et l'Année sacerdotale ont été deux tentatives pour donner des impulsions en ce sens. Rendre attentif à la personne de Paul, cela signifie placer de nouveau devant nous l'Évangile dans sa vitalité, sa simplicité et sa radicalité originelles. L'Année sacerdotale devait, précisément en ces temps où le sacrement de l'ordination est tellement sali, représenter de nouveau dans sa beauté la mission de cette fonction unique, non interchangeable, malgré toute la souffrance, malgré toutes ces choses terribles. Nous devons essayer de relier l'une à l'autre l'humilité et la grandeur afin de rendre courage au prêtre et de lui donner de la joie.

Les synodes aussi vont dans ce sens, par exemple les synodes sur la Parole de Dieu. À lui seul, l'échange à ce sujet a été très important. Aujourd'hui, il s'agit de poser les grands thèmes et en même temps — comme avec l'encyclique sur la *caritas*, « Dieu est amour » — de rendre de nouveau visible le centre du christianisme et en même temps la simplicité d'être chrétien.

L'un de vos grands thèmes est la construction d'un pont entre religion et rationalité. Pourquoi foi et raison vont-elles ensemble ? Ne pourrait-on pas tout simplement se borner à « croire » ? Jésus dit : « Heureux ceux qui croient sans avoir vu[1]. *»*

---

1. Jn, 20,29. (*N.d.T.*).

Ne pas voir est une chose, mais la foi de celui qui ne voit pas doit avoir ses raisons. Jésus lui-même a rendu la foi entièrement compréhensible en la représentant avec l'unité intérieure et la continuité qui la relient à l'Ancien Testament, à tous les commandements de Dieu : comme la foi en Dieu qui est le Créateur et le Seigneur de l'Histoire, pour qui l'Histoire témoigne et dont parle la Création. Il est intéressant que cette rationalité essentielle soit déjà dans l'Ancien Testament une composante fondamentale de la foi. Qu'ensuite, particulièrement lors de l'exil babylonien, il soit dit : « Notre Dieu n'est pas un dieu quelconque parmi beaucoup, il est le Créateur, le Dieu du ciel ; le Dieu unique. » Ainsi s'élève une revendication dont l'universalité repose précisément sur sa rationalité. Ce noyau fut plus tard le point de rencontre entre l'Ancien Testament et l'hellénisme. Car à peu près au moment où l'exil babylonien souligne particulièrement ce trait dans l'Ancien Testament, naît aussi la philosophie grecque qui, au-delà des dieux, s'interroge sur le Dieu unique.

La grande mission de l'Église reste de relier foi et raison, le regard au-delà du tangible et la responsabilité rationnelle. Car elle nous est donnée par Dieu. Elle est ce qui distingue l'être humain.

Quel est le charisme spécial qu'apporte avec lui un pape venu d'Allemagne ? Pendant presque mille ans, les Allemands ont été porteurs du Saint Empire romain. La recherche profonde de la connaissance est l'un des thèmes fondamentaux de ce peuple, incarnée par des mystiques comme Maître Eckart, des savants universels comme Albert le Grand jusqu'à un Goethe, un Kant et un Hegel. L'Allemagne est cependant aussi le pays de la division de l'Église, le berceau du communisme scientifique qui promettait le paradis non au ciel, mais sur la terre. Et elle a aussi et notamment été le théâtre d'un régime véritablement diabolique qui inscrivit sur ses drapeaux l'extermination totale des Juifs, le peuple élu de Dieu.

Vous l'avez indiqué, nous avons en Allemagne une histoire complexe, contradictoire et dramatique. Une histoire pleine de culpabilité et pleine de souffrance. Mais aussi une histoire avec de la grandeur humaine. Une histoire où l'on trouve de la sainteté. Une histoire de grande force de connaissance. Dans cette mesure il n'existe pas simplement *un* charisme allemand.

Vous avez fait remarquer que le goût de réflexion est un des éléments singuliers de l'histoire culturelle allemande. Cet élément a longtemps été considéré comme le plus caractéristique. Aujourd'hui, on regarderait plutôt comme typiquement allemands des talents tels que l'efficacité, l'énergie, capacité d'arriver à ses fins. Je pense que Dieu, quitte à faire pape un professeur, a voulu que ce soit justement cet élément de réflexion et en particulier la lutte pour l'unité de la foi et de la raison, qui soit mis au premier plan.

8

Dans les souliers du pêcheur

Au début, les cernes noirs sous les yeux ont été, si j'ose m'exprimer ainsi, votre signe caractéristique. Jean-Paul II, disait-on, avait après sa mort laissé une lourde charge de travail, due notamment à sa maladie.

Oui, Jean-Paul II a parfois hésité à prendre des décisions. Mais dans l'ensemble, grâce aux collaborateurs qu'il avait choisis, la continuité des affaires a été assurée. Et les grandes décisions, il les a prises avant comme après. Il souffrait, mais il avait tout son esprit. Dans cette mesure, l'instrument de l'Église, si l'on peut dire, fonctionnait parfaitement.

Ce n'est un mystère pour personne : Jean-Paul II ne s'est pas particulièrement engagé ni passionné pour les intérêts de la curie romaine.

Il a tout de même fait la réforme de la curie et lui a donné sa structure actuelle. Même s'il laissait alors à ses collaborateurs bien des décisions, il avait constamment l'ensemble en vue et il assumait totalement lui-même les responsabilités essentielles.

Cette longue maladie a peut-être bloqué aussi des projets de réforme qui sinon auraient été depuis longtemps introduits ?
Je ne crois pas. Il avait fixé de tels centres de gravité qu'après les grands élans initiaux, les nombreuses nouvelles publications et encycliques, tous ces voyages avec leurs programmes, il était en réalité presque nécessaire d'avoir un temps d'arrêt pendant lequel on pouvait aller progressivement au fond de ces choses et se les approprier. Et jusque dans les derniers temps, il a écrit des textes émouvants. Par exemple la lettre apostolique *Tertio millennio adveniente,* en préparation de l'année du millénaire, l'an 2000. C'est un texte qui est tout à fait chaleureux, presque poétique.

Le temps de ces souffrances n'a certainement pas été un temps vide. Je crois qu'il a même été très important pour l'Église d'avoir justement après une grande activité la leçon de la Passion, et de voir que l'Église peut être aussi guidée par elle, que c'est justement par la Passion qu'elle mûrit et vit.

Cette Passion sembla pouvoir retourner le navire de l'Église qui voguait quille en l'air. Comme d'un jour à l'autre, émergea une génération de jeunes êtres pieux dont personne auparavant n'avait perçu l'existence.
La compassion était puissante. On pouvait voir que la leçon du pape souffrant était un enseignement qui allait au-delà de la fonc-

tion du pape et de sa parole. La compassion, l'émotion, la rencontre pour ainsi dire avec le Christ souffrant, avaient touché le cœur des hommes plus profondément que ce que le pape pouvait faire en activité. Il s'était réellement produit un nouveau départ, un nouvel amour se manifestait pour ce pape. Je ne dirais pas qu'ainsi un tournant total s'est opéré dans l'Église. Dans l'histoire du monde, tant d'accents et d'actions sont importants. Mais cet accent a permis de rendre soudain visible le pouvoir de la croix.

Personne n'a salué plus fortement votre élection comme deux cent soixante-cinquième chef de l'Église que les organisations juives. Dès le temps où il était préfet de la Congrégation pour la doctrine de la foi, Joseph Ratzinger avait posé les fondations d'un rapprochement entre les deux religions universelles, il avait modifié positivement « l'histoire deux fois millénaire des relations entre le judaïsme et le christianisme ».

Devenu pape, vous avez invité un rabbin à parler devant le Synode des évêques. Vous avez stoppé la béatification d'un prêtre français à qui l'on reprochait des propos antisémites[1]*. Vous avez visité plus de synagogues que tous les papes avant vous. La Süddeutsche Zeitung déclarait alors : « Il professe sa foi envers la genèse juive du christianisme comme aucun pape ne l'avait proclamée avant lui. »*

Votre premier acte en tant que successeur de Pierre a été d'écrire une lettre à la communauté juive de Rome. Ce geste

---

1. Il s'agit du père Léon Dehon (1843-1925). (*N.d.T.*).

symbolique devrait-il révéler la teneur fondamentale du pontificat ?

Certainement. Je dois dire que dès le premier jour de mes études théologiques sur l'unité intérieure de l'Ancien et du Nouveau Testament, les deux parties de notre sainte Écriture, j'ai compris que nous ne pouvons lire le Nouveau Testament qu'avec le précédent, sans quoi il nous serait impossible de le comprendre. Ensuite, naturellement, nous avons été touchés en tant qu'Allemands par ce qui est arrivé sous le IIIe Reich, et nous nous en sommes d'abord tenus à regarder le peuple d'Israël avec humilité et honte, et avec amour. Ces choses, comme je l'ai dit, ont déjà été intégrées à ma formation théologique et ont tracé mon chemin dans la pensée théologique. Il fut donc clair pour moi, là aussi en pleine continuité avec le pape Jean-Paul II, que ce nouvel entrelacs d'Israël et de l'Église, dans le respect réciproque pour l'être de l'autre et sa mission particulière, doit être essentiel pour ma proclamation de la foi chrétienne.

Vos prédécesseurs appelaient les juifs « nos frères aînés » ; vous parlez de « pères dans la foi ».

Les juifs n'aiment pas trop entendre les mots « frères aînés », que Jean XXIII employait déjà. Dans la tradition juive, le « frère aîné », Ésaü, est aussi le frère réprouvé. On peut quand même employer ces mots parce qu'ils disent quelque chose d'important. Mais il est exact que les Juifs sont aussi nos « pères dans la foi ». Et ces mots rendent peut-être encore plus visible la manière dont nous sommes liés.

Après votre entrée en fonction, le nouveau style de la maison est vite devenu évident. Il n'y a plus de « Père pressé » qui vole dans son jet d'un événement à l'autre. Pas d'audiences débordantes, qui sont maintenant réduites de moitié. Vous avez aboli le baisemain — une consigne qui n'était d'ailleurs respectée par personne. Puis la tiare disparaît des armes pontificales, symbole de la papauté aussi pour le pouvoir laïc. Une autre chose change : votre prédécesseur s'était habitué à parler à la première personne du singulier. Benoît XVI réintroduit, après le « je », le « nous » pontifical. Quelle en était la raison ?

Je voudrais seulement revenir sur deux points. Paul VI avait déjà supprimé la tiare…

… et l'avait vendue, pour donner l'argent aux pauvres.

Toutefois, elle demeurait dans les armes pontificales. À présent elle en a aussi disparu. Je n'ai pas biffé tout simplement le « je », mais il y a maintenant les deux, le « je » et le « nous ». Car dans bien des choses je ne dis pas seulement ce qui est passé par l'esprit de Joseph Ratzinger, mais je parle à partir de la communauté de l'Église. Je parle alors dans une certaine mesure en communion intérieure avec ceux qui partagent ma foi, j'exprime ce que nous sommes ensemble et que nous pouvons croire ensemble. Dans cette mesure le « nous » n'est pas un pluriel de majesté, mais une réalité qui vient des autres, de la parole à travers les autres et avec les autres. Mais quand je dis quelque chose de personnel, alors le « je » doit revenir. Il y a donc les deux, le « je » et le « nous ».

Vous avez réduit votre premier synode des évêques, en octobre 2005, de quatre à trois semaines. En plus, on a introduit les débats libres et un nombre supérieur de « délégués fraternel » ont été invités. En même temps, vous avez de nouveau introduit les discussions régulières avec tous les responsables des dicastères, pour promouvoir l'échange réciproque au sein de la curie. Toutefois, les décisions concernant les nominations, surtout quand il s'agit de l'environnement immédiat du pape, sont parfois considérées comme problématiques. Est-ce votre point faible ?

Le raccourcissement des synodes allait, je crois, dans le sens de tous les participants. Car lorsqu'un évêque est absent de son diocèse pendant quatre semaines, c'est trop, tout simplement. Un évêque participe au gouvernement de l'ensemble de l'Église en gouvernant *avec justesse* son église locale et en en gardant la cohésion intérieure. Comme on l'a vu, il n'est pas difficile d'instaurer une certaine rigueur. Ce qui était important pour moi, c'est que l'on ne se contente pas de lire des discours préparés à l'avance, qui ne donnent jamais un dialogue, mais qu'il y ait une occasion de parler librement, du fond du cœur, ce qui débouche ensuite sur un dialogue authentique.

Les décisions concernant les nominations sont difficiles, parce que personne ne peut lire dans le cœur des autres et que personne n'est garanti contre les erreurs. C'est pourquoi je suis là plus prudent, plus anxieux et c'est seulement après de multiples délibérations que je prends des décisions. Et je crois que les années passées, toute une série de bonnes nominations ont tout de même été des réussites ; y compris dans l'épiscopat allemand.

Des observateurs notent que dans la curie romaine, de plus en plus de membres d'ordres religieux occupent des positions de responsabilité. Le quotidien Il Foglio *parlait même d'un « tournant copernicien » dans la gestion du personnel au Vatican. À l'inverse, des critiques dénonceraient trop volontiers une « infiltration des fondamentalistes ». Est-ce que l'appel adressé à des religieux, qui sont astreints aux vœux de pauvreté, chasteté et obéissance, est une sorte d'antidote aux pensées de carrière et aux intrigues qui ne sont pas étrangères au Vatican non plus ?*

On a fait appel à un certain nombre de religieux parce que nous avons là un vivier de gens de vraiment bonne qualité, qui possèdent un grand talent et sont des hommes de spiritualité. Mais leur nombre n'a pas augmenté démesurément. J'essaie de trouver la personne qu'il faut, que ce soit un religieux ou un clerc diocésain. L'important, c'est qu'il ait les qualités, qu'il soit un homme de spiritualité, un véritable croyant et avant tout un homme courageux.

Je pense que le courage est la principale qualité que doivent avoir aujourd'hui un évêque et un responsable de curie. Il s'agit alors de ne pas se plier au diktat des opinions, mais d'agir selon la connaissance intérieure, même si elle apporte des contrariétés. Et il faut naturellement que ce soit des hommes qui aient des qualités intellectuelles, professionnelles et humaines, afin qu'ils puissent eux aussi guider et attirer d'autres hommes dans une communauté familiale. Comme chef de la Congrégation pour la doctrine de la foi, il était par exemple très important pour moi que nous soyons une communauté, que nous ne nous querellions pas entre nous ou les uns à côté des autres, mais qu'il y ait là une famille. Je tiens pour très importante cette capacité de conduire les gens les uns vers les autres et de créer un esprit d'équipe.

Un pape parle toujours aussi avec des gestes et des attitudes, signes et symboles. Le choix du camauro, devenu entre-temps célèbre, comme couvre-chef d'hiver, une sorte de bonnet que Jean XXIII a été le dernier à porter. Était-ce un accessoire de mode ou l'expression d'un retour à d'anciennes formes conservées dans l'Église ?

Je ne l'ai porté qu'une fois. J'avais tout simplement froid et je suis sensible de la tête. Et j'ai dit, puisque nous avons déjà le camauro, alors coiffons-nous en. Mais c'était seulement une tentative pour résister au froid. Depuis je m'en suis abstenu. Afin de ne pas susciter d'interprétations superflues.

9
ŒCUMÉNISME ET DIALOGUE AVEC L'ISLAM

L'œcuménisme devient très vite le signe le plus visible de ce pontificat. Le pape promet de s'engager inlassablement « en faveur du rétablissement de l'unité pleine et visible » des chrétiens. Les observateurs ont vu dans la manière dont on s'est tourné vers l'orthodoxie une manœuvre stratégique visant à construire la porte de l'unification sur le point où règne le plus grand accord.

L'œcuménisme a de multiples strates et de multiples visages. Nous avons ici toute l'orthodoxie mondiale, déjà en soi très diverse, puis le protestantisme mondial, où les confessions classiques se distinguent du nouveau protestantisme qui se développe à présent et constitue un signe des temps. Le lieu où nous sommes, pour ainsi dire, le plus près de chez nous, et où nous pouvons le plus espérer pouvoir nous rejoindre, c'est l'orthodoxie.

Paul VI et Jean-Paul II s'étaient beaucoup préoccupés de l'orthodoxie. Moi-même, j'ai toujours eu des contacts très étroits avec les orthodoxes. Lorsque j'enseignais à Bonn et à Ratisbonne, j'avais aussi des étudiants orthodoxes parmi mes élèves, ce qui m'a permis de nouer de nombreuses amitiés dans l'espace orthodoxe. Catholiques et orthodoxes ont la même structure fondamentale, issue de l'Église Primitive ; il était donc assez naturel que je déploie des efforts particuliers pour mener à bien cette rencontre-là. Depuis, de véritables amitiés se sont nouées dans ce domaine. Je suis très reconnaissant au patriarche Bartholomeos Ier pour la cordialité dont il fait preuve à mon égard, et du fait qu'il ne se contente pas d'un œcuménisme forcé ; il y a entre nous une véritable amitié, une fraternité. Et je suis aussi très reconnaissant pour l'amitié et la grande cordialité dont le patriarche Cyrille témoigne envers moi.

Le patriarche de Moscou a été le premier visiteur que vous ayez reçu après votre élection au trône pontifical.

À l'époque, il n'était pas encore le patriarche de l'Église orthodoxe russe à Moscou, mais son ministre des Affaires étrangères. Nous nous sommes tout de suite entendus. Il a quelque chose de joyeux, une sorte de croyance naturelle, ce que l'âme russe a de simple, couplée à une détermination et une cordialité telles qu'un bon accord s'est instauré entre nous.

Je crois qu'il est très important que ce grand monde orthodoxe, avec ses tensions internes, constate tout de même aussi son unité interne avec l'Église universelle romaine, qui est d'une nature tellement différente. Qu'en dépit de toutes les différences creusées par les siècles, les séparations culturelles et autres, nous puissions nous voir et nous comprendre tout de même dans notre proximité intellectuelle. Sur ce plan, il me semble que nous faisons des progrès. Ce ne sont pas des progrès tactiques, politiques, mais des mouvements d'approche au cours desquels nous nous tournons intérieurement les uns vers les autres. Je trouve là quelque chose de très réconfortant.

Mais pourquoi ce rapprochement aurait-il une grande signification pour « l'avenir de l'histoire mondiale », comme vous l'avez expliqué ?

Parce que notre responsabilité commune à l'égard du monde y redevient visible. Nous pourrions aussi passer notre temps à nous quereller sur tous les sujets possibles. Ou nous pouvons œuvrer ensemble en partant de ce qui nous est commun. Or le monde, on l'aura bien vu au fil de cet entretien, a besoin d'une réserve de témoignage en faveur de ce Dieu un qui nous parle par l'intermédiaire du Christ — une réserve justifiée, fondée spirituellement et portée par la raison. Dans cette mesure, notre coopération est d'une extrême importance. Cyrille le souligne lui aussi, précisément dans le cadre du débat sur les grandes questions éthiques. Nous ne sommes pas des moralistes, mais le fondement même de la foi fait de nous les porteurs d'un message éthique qui permet aux hommes de s'orienter. Et le faire en coopération a une très grande signification dans la crise que traversent les peuples.

Selon l'évêque en charge de l'œcuménisme en Allemagne, Gerhard Ludwig Müller, 97 % de l'unité religieuse entre orthodoxes et catholiques sont déjà réalisés. Les 3 % restant sont selon lui la question de la primauté et de la juridiction du pape. Vous n'avez pas seulement fait retirer du blason pontifical la tiare, symbole de pouvoir, mais aussi rayer la désignation « Patriarche d'Occident » des titres portés par le pape. L'évêque de Rome n'est selon vous que le premier parmi ses pairs. Fait caractéristique, vous avez déjà déclaré en tant que cardinal, en l'an 2000, dans la déclaration Dominus Iesus, *qu'il existe d'authentiques Églises particulières, « malgré l'absence de la pleine communion avec l'Église catholique, provoquée par leur refus de la doctrine catholique de la primauté ».*

Benoît XVI va-t-il réaménager la papauté en faveur de l'unité du christianisme ?

Il faudrait naturellement apporter quelques précisions. « Premier parmi ses égaux » n'est pas exactement la formule à laquelle nous croyons en tant que catholiques. Le pape est premier — et il a aussi des fonctions et des missions spécifiques. Dans ce sens, tous ne sont pas des égaux. « Premier parmi les égaux », l'orthodoxie l'accepterait sans difficulté. Elle reconnaît que l'évêque de Rome, le *Protos*, est le premier, c'est déjà acté dans le concile de Nicée. Mais la question est justement de savoir s'il a ou non des missions spécifiques. La citation de *Dominus Iesus* est elle aussi complexe. Mais ce sont des points de querelles, il faudrait y consacrer plus de mots que je ne peux le faire ici...

Cela signifie-t-il que le pape Ratzinger contredit l'ancien cardinal et gardien de la foi Ratzinger ?

Non, ce que j'ai défendu, c'est l'héritage du concile Vatican II et de toute l'histoire de l'Église. Ce passage signifie que les Églises orientales sont d'authentiques Églises particulières bien qu'elles ne soient pas en relation avec le pape. Dans ce sens, l'unité avec le pape n'est pas constitutive de l'Église particulière. Mais le manque d'unité est sans doute aussi un manque interne au sein de l'Église particulière. Car l'Église particulière est conçue dans le but de faire partie d'un tout. Dans cette mesure, la non-communion avec le pape est en quelque sorte une lacune dans cette cellule de vie. Elle demeure une cellule, elle peut porter le nom d'Église, mais il manque un point à l'intérieur de la cellule : le lien avec l'organisme global.

Je n'aurais pas non plus l'entrain dont fait preuve Mgr Müller en disant qu'il ne nous manque plus que 3 %. Il existe avant tout d'immenses différences historiques et culturelles. Au-delà des questions de doctrine, il reste encore beaucoup de pas à faire dans notre cœur. Sur ce plan, Dieu a encore du travail avec nous. C'est la raison pour laquelle je n'oserais pas non plus énoncer je ne sais quelles prophéties sur les temps qui nous attendent.

L'important, c'est de nous apprécier réellement, d'être unis intellectuellement, et de nous approcher d'aussi près les uns des autres, de coopérer les uns avec les autres autant que nous pouvons le faire — et de tenter, pour le reste, de traiter les questions encore en suspens. Et dans tout cela, de nous rappeler toujours que Dieu doit nous aider, que nous ne pouvons y arriver seuls.

Le métropolite orthodoxe grec Augoustinos considère qu'une primauté d'honneur du pape pour tous les chrétiens est d'ores et déjà possible. L'évêque protestant Johannes Friedrich a lui aussi lancé l'idée d'une reconnaissance restreinte du ministère du pape comme « porte-parole de l'ensemble de la chrétienté mondiale, acceptable d'un point de vue œcuménique ». Allez-vous dans le même sens lorsque vous dites que les Églises devraient se laisser inspirer aujourd'hui par le modèle du premier millénaire ?

On a aussi entendu des anglicans déclarer qu'ils pouvaient imaginer une primauté d'honneur du pape romain, entre autres dans la fonction de porte-parole de la chrétienté. Il s'agit déjà, bien entendu, d'un pas significatif. Et *de facto*, lorsque le pape prend position sur de grands problèmes éthiques, le monde considère ses propos comme la voix de la chrétienté. Le pape lui-même s'efforce aussi, sur ce genre de questions, de parler au nom des chrétiens et de ne pas mettre au premier plan ce qui est spécifiquement catholique. Ceci relève d'un autre lieu.

Mais d'ores et déjà, compte tenu de la position qui est devenue la sienne au fil de l'histoire, l'évêque de Rome peut simplement, jusqu'à un certain degré, s'exprimer au nom des chrétiens dans leur ensemble. Cela aussi constitue un facteur œcuménique important ; il affiche, vers l'extérieur, une unité interne du christianisme qui n'a jamais été tout à fait perdue. On ne doit pas le surestimer. Il reste suffisamment de points de conflit. Mais qu'il existe quelque chose de ce genre est un motif de gratitude.

Vous avez déjà rencontré le patriarche œcuménique de Constantinople. Pour ce qui concerne l'Église russe orthodoxe, son président du Département des Relations extérieures, le métropolite Hilarion, a déclaré : « Nous nous approchons du moment où il sera possible de préparer une rencontre entre le pape et le patriarche de Moscou. » Pareille rencontre serait un événement mondial. Pensez-vous qu'il puisse encore survenir au cours de votre pontificat ?

Tout dépend du temps de vie que le Bon Dieu m'offrira encore, mais je l'espère. C'était déjà un très beau geste que le patriarche fasse donner pour moi, ici, à Rome, un concert par Hilarion à l'occasion des cinq ans du pontificat. Mgr Hilarion est lui-même compositeur, et il a joué l'une de ses œuvres. Bref, il existe de multiples contacts. Cela étant dit, il faut préparer l'opinion publique orthodoxe, en Russie, à quelque chose de ce genre. On y ressent toujours une certaine peur de l'Église catholique. Il faut attendre patiemment, sans rien brusquer. Mais la volonté est là des deux côtés, et le contexte dans lequel elle pourra s'épanouir grandit lui aussi.

Une rencontre entre Rome et Moscou est-elle du domaine du possible dans un délai pas trop lointain ?
Je dirais que oui.

Il y a aussi des progrès sur la question de l'unité de l'Église en Chine. Depuis, presque tous les évêques nommés dans ce pays par les autorités de l'État ont aussi été reconnus par Rome. Les deux parties jugent qu'une unification de la communauté reconnue par l'État avec celle qu'il ne reconnaît pas est un objectif digne d'être atteint. Quelle est votre opinion : cette unification — à supposer, comme vous venez de le dire, que le Seigneur vous accorde une longue vie — peut-elle encore se produire sous l'ère de Benoît ?
Je l'espère. La prière qu'a faite Jésus pour l'unité de tous ceux qui croient en lui (Jn, 17) porte aussi ses fruits en Chine. Toute l'Église qui vit en Chine est appelée à vivre dans une profonde unité spirituelle où mûrisse aussi une unité hiérarchique harmonieuse avec l'évêque de Rome. Bien entendu, de nouvelles pierres d'achoppement apparaissent sans arrêt. Mais nous avons déjà accompli une bonne partie du chemin. Et comme vous l'avez vu vous-même, la grande majorité des évêques qui avaient été ordonnés dans le passé sans mandat apostolique de Rome ont depuis reconnu la primauté et sont ainsi rentrés en communion avec Rome. Même si des difficultés inattendues surviennent toujours, l'espoir est grand

que nous puissions définitivement surmonter cette scission. C'est un objectif auquel je tiens particulièrement, et je l'expose chaque jour au Seigneur dans ma prière.

Comment en est-on arrivé à cette évolution que nul ne pouvait encore imaginer il y a peu ?

Les facteurs qui ont encouragé l'évolution positive de l'Église catholique en Chine sont multiples. J'en citerai quelques-uns. D'une part, la vive aspiration à être en unité avec le pape n'a jamais été absente chez les évêques ordonnés de manière illégitime. Cela a pratiquement permis à tous de parcourir le chemin vers la communion ; ils ont été, pour ce faire, accompagnés par le patient travail que l'on a mené avec chacun d'entre eux. Il y avait sur ce plan la conscience fondamentale et catholique du fait que l'on n'est réellement évêque qu'au sein de cette communion.

De l'autre côté, les évêques ordonnés en secret et non reconnus par l'autorité de l'État peuvent à présent tirer profit du fait que, ne serait-ce qu'au nom de la raison d'État, il n'est pas utile d'enfermer des évêques catholiques et de les priver de leur liberté en raison de leur attachement à Rome. Il s'agit là d'une condition indispensable, mais aussi d'un apport décisif pour parvenir à la pleine unité entre les deux communautés catholiques.

Le dialogue œcuménique avec les protestants semble être devenu problématique. Dans l'orthodoxie, il n'est de toute façon pas à l'ordre du jour. De ce côté, les fossés sont devenus trop profonds. Mais du point de vue des évêques catholiques romains aussi, certaines fractions des Églises protestantes ont abandonné une bonne partie de leurs traditions sous le poids de la modernité. Depuis les années 1970, on dit qu'ils ont pris une orientation d'abord socialiste, puis écologique et, aujourd'hui, féministe, avec une nouvelle tendance à céder au mainstream de la théorie des genres. Le dialogue, dit-on, est mené avec la volonté de donner un tour protestant à une Église catholique présentée comme rétrograde, afin de pouvoir se présenter comme une alternative progressiste.

Pour éviter de nouvelles frustrations, ne serait-il pas plus sincère de dire : eh bien, restons donc amis. Coopérons au sein d'une action chrétienne concertée, mais une unification n'est malheureusement pas possible — sauf à se renier soi-même.

Il faut avant tout penser à la grande diversité du protestantisme tel qu'il existe dans le monde. Le luthérianisme n'est qu'une fraction de cet éventail. On trouve à côté d'eux les réformés, les méthodistes, etc. Et puis il y a ce grand et nouveau phénomène des évangélistes, qui se propagent avec un immense dynamisme et sont en train de transformer tout le paysage religieux dans les pays du Tiers-monde. Par conséquent, lorsqu'on parle d'un dialogue avec le protestantisme, il faut avoir cette diversité à l'esprit — d'autant plus qu'elle prend aussi des formes différentes d'un pays à l'autre.

On est effectivement obligé de constater que le protestantisme a progressé dans un sens qui a plutôt tendance à l'éloigner de nous : l'ordination des femmes, l'acceptation des couples homosexuels, etc. Il existe d'autres prises de position éthiques, d'autres manières de se conformer à l'esprit de notre époque, qui compliquent le dialogue. Mais il y a aussi, bien entendu, dans les communautés protestantes, des gens qui avancent avec vitalité vers la véritable substance de la foi, et qui n'approuvent pas cette attitude de leurs Églises mères.

Nous devrions donc dire : en tant que chrétiens, il nous faut trouver une base commune ; en tant que tels, nous devons être en mesure de faire entendre, dans l'époque qui est la nôtre, une voix commune sur les grandes questions, et de témoigner de la présence du Christ comme Dieu vivant. Nous ne pourrons pas établir une unité parfaite dans un délai prévisible, mais nous faisons ce qui est possible pour remplir une vraie mission et apporter un témoignage authentique, ensemble, en tant que chrétiens dans ce monde.

Est-il vrai que le pape ne considère pas les protestants comme une Église, mais, contrairement à l'Église orientale, comme une simple communauté ecclésiale ? Pour beaucoup, cette hiérarchie paraît dédaigneuse.

L'expression « communauté ecclésiale » relève de la terminologie de Vatican II. Sur ce point, le Concile a appliqué une règle très simple : dans notre conception, l'Église, au sens propre, se trouve là où existe la fonction d'évêque, dans la succession sacramentelle des apôtres, et là où l'on trouve l'eucharistie, comme sacrement dispensé par l'évêque et le prêtre.

Lorsque ce n'est pas le cas, c'est qu'un nouveau type, une nouvelle manière de comprendre l'Église est apparue — toutes choses que nous avons désignées à Vatican II par le terme de « communauté ecclésiale ». Il était destiné à montrer que ces structures sont Église, mais d'une autre manière. Et justement pas, comme vous l'avez vous-même expliqué, de la même manière que les Églises de la grande tradition de l'Antiquité, mais en se fondant sur une nouvelle conception d'après laquelle l'Église ne réside pas dans l'institution, mais dans la dynamique de la Parole qui rassemble les hommes et en fait une communauté.

Dans cette mesure, cette terminologie cherche à capter et à exprimer la particularité du christianisme protestant. On peut toujours chercher de meilleurs mots, mais la distinction de base est justifiée ; c'est un fait, ne serait-ce que sur le plan purement historique.

Il faut par ailleurs souligner une fois de plus que la situation religieuse des différentes communautés protestantes est très variable. Elles se définissent aussi de manière très différente les unes des autres, si bien que l'on ne peut pas parler *d'une* Église protestante. Il s'agit simplement de voir que dans le protestantisme, le christianisme a entrepris une sorte de déplacement des centres de gravité ; que nous tentons de le comprendre ; que nous nous reconnaissons mutuellement en tant que chrétiens et, en tant que tel, que nous nous rendons service les uns aux autres.

Et sur la définition de ce qu'est l'Église, même un pape ne peut rien dire de différent ?

Non. De cela, il ne peut pas disposer. Il est tenu à Vatican II.

Pour ce qui concerne l'œcuménisme avec les communautés ecclésiales occidentales, le Vatican se concentre sur les anglicans, la Fédération luthérienne mondiale, l'Alliance réformée mondiale et le Conseil méthodiste mondial. Les portes de Rome sont déjà ouvertes aux anglicans qui veulent franchir le pas. La Constitution apostolique que vous avez promulguée prévoit pour la première fois une structure d'organisation et de droit spécifique pour les Églises particulières. Jusqu'ici, on envisageait surtout l'unité comme un retour dans l'Église latine. Cela constitue-t-il un précédent pour d'autres groupes qui désireraient les suivre ?

Il s'agit en tout cas d'une tentative de répondre à un défi spécifique. Cela ne s'est pas fait à notre instigation, mais à celle d'évêques anglicans qui ont noué un dialogue avec la Congrégation pour la doctrine de la foi pour tenter de pressentir, petit à petit, sous quelle forme il serait possible de se rapprocher les uns des autres. Ils ont dit qu'ils partagent intégralement la foi telle qu'elle est exposée dans le catéchisme de l'Église catholique. Qu'elle est exactement la leur. Qu'il faut vérifier à présent dans quelle mesure ils peuvent conserver leur propre tradition, leur propre forme de vie forgée au fil du temps, avec toute la richesse qui est la sienne.

Ce qui a abouti à projet, conçu comme une proposition. Dans quelle mesure il sera utilisé, jusqu'où il ira dans la réalité, quelles évolutions et quelles variantes il peut receler : tout cela reste à voir. Mais c'est tout de même un signe, disons, de la flexibilité de l'Église catholique. Nous ne voulons certes pas créer de nouvelles églises uniates, mais offrir la possibilité d'intégrer les traditions religieuses d'Églises particulières, des traditions qui se sont développées en dehors de l'Église romaine, dans la communauté avec le pape, et donc dans la communauté catholique.

Votre « discours de Ratisbonne » du 12 septembre 2006 a déclenché une puissante controverse dans les relations entre l'Église et les musulmans. Vous y citez un passage d'un livre historique qui relate le dialogue entre l'empereur byzantin et un Perse cultivé à propos de l'islam et du christianisme.[1] *Par la suite, des églises chrétiennes ont été incendiées dans les pays islamiques, et des journalistes occidentaux ont écrit des articles furieux.*

Ce discours a été interprété comme la première erreur du pontificat. Était-ce le cas ?

J'avais conçu et tenu ce discours comme un texte strictement académique, sans être conscient que la lecture que l'on

---

1. Cette leçon donnée sur les lieux où Joseph Ratzinger avait exercé ses fonctions de professeur avait pour thème « La foi, la raison et l'université. Souvenirs et réflexions ». Le passage où Benoît XVI cite les propos de l'empereur de la fin du Moyen Âge, Manuel II Paléologue, est reproduit en annexe à la fin de ce volume.

fait d'un discours pontifical n'est pas académique mais politique. Une fois qu'il a été passé au crible politique, on ne s'est plus intéressé aux finesses de la trame, on a arraché un texte à son contexte et on en a fait un objet politique qu'il n'était pas en soi. Il traitait une situation issue d'un dialogue ancien qui demeure du reste selon moi d'un grand intérêt.

L'empereur Manuel, cité ici, était déjà à cette époque vassal de l'empire ottoman. Il ne pouvait donc absolument pas vouloir attaquer les musulmans. Mais il pouvait poser des questions vivantes dans le dialogue intellectuel. Seulement la communication politique, de nos jours, est ainsi faite qu'elle ne permet pas de comprendre ce type de contextes subtils.

Et pourtant, en dépit de tous ces épisodes effroyables qui ne peuvent que m'attrister, ces événements ont tout de même produit au bout du compte des effets positifs. Lors de ma visite en Turquie, j'ai pu témoigner de mon respect pour l'islam, montrer que je le reconnais comme une grande réalité religieuse avec laquelle nous devons être en dialogue. Et de cette controverse est ainsi né un dialogue véritablement intense.

Il est devenu clair que l'islam doit traiter deux questions dans le dialogue public : elles portent sur son rapport à la violence et sur la raison. Que l'islam ait considéré, dans ses propres rangs, que ces deux questions méritaient et appelaient une clarification, et qu'ait ainsi commencé parmi ses érudits une réflexion interne prenant par la suite la forme d'un dialogue, a constitué une approche importante.

Le journal islamique Zaman *a parlé du « message de paix » du pape et estimé que le dialogue des religions s'était enfin mis en marche. Même des journaux allemands comme* Die Zeit *se sont inclinés, après avoir d'abord exprimé une vive critique, devant le « sage en Orient » qui devient « dans le monde islamique la principale autorité de l'Occident ».*

En tout cas nous sommes arrivés ainsi à un point favorable. Vous le savez, cent trente-huit érudits islamiques ont écrit une lettre qui contient une invitation sans fard au dialogue et une interprétation de l'islam qui le place dans un dialogue direct avec le christianisme. J'ai aussi eu une très bonne discussion sur ce point avec le roi d'Arabie Saoudite. À l'instar d'autres chefs d'États islamiques, ou encore, par exemple, des rois des États du Golfe, il veut prendre position avec les chrétiens contre le détournement terroriste de l'islam.

Nous savons que nous menons aujourd'hui un combat commun. Ce qui nous rassemble, c'est d'une part que nous défendons de grandes valeurs religieuses — la foi en Dieu et l'obéissance à Dieu —, et que d'autre part nous devons trouver une place juste dans la modernité. C'est aussi sur cela que portent les entretiens du Conseil du dialogue[1]. On y traite des questions du type : que signifie la tolérance ? Quel est le rapport entre la vérité et la tolérance ? Ce qui pose la question de savoir si la tolérance implique aussi le droit de changer de religion. Cela, nos partenaires islamiques ont du mal à le

---

1. Le Conseil pontifical pour le Dialogue religieux. (*N.d.T.*)

reconnaître. Quand on est arrivé dans la vérité, dit-on ici, on ne peut plus revenir en arrière.

En tout cas, nous sommes entrés dans une relation de dialogue large et intense où nous nous rapprochons les uns des autres, où nous apprenons à mieux nous comprendre. Et qui nous permettra peut-être aussi d'apporter, dans un esprit plus positif, une contribution commune en cette heure difficile de l'histoire.

Il n'y a pas si longtemps encore, les papes considéraient cependant que leur devoir était de protéger l'Europe d'une islamisation. Le Vatican suit-il sur ce plan une politique entièrement nouvelle ?

Non. Ce sont les situations historiques qui changent. Rappelons-nous seulement l'époque où l'empire ottoman a ébranlé les frontières de l'Europe, l'a assiégée et s'est finalement retrouvé aux portes de Vienne. Ou encore la bataille de Lépante, en 1571. En l'occurrence, il s'agissait vraiment de savoir si l'identité de l'Europe allait être préservée ou si l'Europe allait devenir une colonie. Dans cette situation, où il ne s'agissait pas seulement de l'islam, loin de là, mais de la propagation de la puissance ottomane, l'Europe devait être solidaire et défendre son histoire, sa culture, sa foi.

Nous vivons aujourd'hui dans un monde totalement différent où les lignes de front ont changé. Dans lequel on trouve d'un côté une sécularisation radicale, de l'autre côté la question de Dieu, dans toute sa diversité. L'identité de chaque religion doit bien entendu subsister. Nous ne pouvons pas nous dissoudre les unes dans les autres. Mais d'un autre côté, il faut aussi essayer de se comprendre mutuellement.

Dans de grandes parties de l'Afrique Noire, il existe depuis longtemps une bonne coexistence marquée par la tolérance entre islam et christianisme. Lorsque je reçois des évêques en provenance de ces pays, ils me racontent que célébrer leurs fêtes ensemble est une vieille habitude. Ailleurs, les relations sont encore marquées par l'intolérance et l'agression. Les situations historiques sont encore aujourd'hui très différentes. Nous devons en tout cas essayer de vivre ce que notre foi a de grand et d'en donner une image vivante, mais aussi de comprendre l'héritage des autres. L'important, c'est de trouver ce que nous avons de commun et de servir ensemble dans ce monde, là où c'est possible.

Dans le même temps, il est incontestable que dans les pays où l'islam domine l'État et la société, les droits de l'homme sont foulés aux pieds et les chrétiens brutalement réprimés. Aux yeux de l'évêque anglican Michael Nazir-Ali, l'islam constitue la plus grande menace pour l'Occident depuis le communisme, parce qu'il va de pair avec une idéologie politique et socio-économique globale. Le président de la République islamique d'Iran, Mahmoud Ahmadinedjad, a déclaré que le compte à rebours avait commencé pour Israël et que ce pays serait bientôt « rayé de la carte ».

L'idée d'un dialogue avec l'islam n'est-elle donc pas aussi un peu naïve, voire dangereuse ?

Il existe des manières très différentes de vivre l'islam, en fonction de ses traditions historiques, de son origine et du pouvoir dont il dispose. En Afrique noire, il y a, nous l'avons dit, au moins pour de larges parts, une tradition de coexistence qui est très réjouissante. Le changement de religion y est possible et les enfants d'un père musulman peuvent devenir chrétiens. Il y a ici un rapprochement dans la compréhension fondamentale de la liberté et de la vérité, et ce rapprochement ne perturbe pas l'intensité de la foi.

Mais là où l'islam domine de manière, disons, monoculturelle, là où ses traditions, son identité culturelle et politique sont incontestées, il se considère facilement comme le cœur de l'opposition au monde occidental, en quelque sorte comme le défenseur de la religion face à l'athéisme et au sécularisme. La conscience de la vérité peut alors devenir tellement étroite qu'elle se transforme en intolérance et rend très difficile une coexistence avec les chrétiens. Sur ce plan, il est important que nous maintenions une relation intensive avec toutes les forces islamiques désireuses de dialoguer, et qu'une évolution des consciences puisse aussi avoir lieu là où l'islamisme associe prétention à la vérité et violence.

10

PROCLAMATION

Votre toute première publication, qui remonte à vos années d'étudiant, était la traduction d'un texte de Thomas d'Aquin. Son titre était : « Ouverture sur l'amour ». Votre première publication en tant que Pape, tout juste soixante ans plus tard est une encyclique sur le même thème : « Deus caritas est — Dieu est amour. » La première encyclique d'un pape donne toujours une sorte de clef de portée indiquant la tonalité de son pontificat.

Pour ce qui concerne ce petit livre d'étudiant : j'avais, à l'instigation d'Alfred Läpple, traduit la Quaestio disputata de caritate de saint Thomas d'Aquin parce que Martin Grabmann, le grand médiéviste, avait dit que les *Quaestiones* n'avaient pas été traduites et qu'elles devaient l'être. Mais le texte n'a pas été publié. Ce n'était vraisemblablement pas non plus une bonne traduction, il est vrai que j'avais à peine vingt ans… En réalité, c'est le hasard qui m'a conduit vers ce sujet, mais il m'a fasciné. Toute ma vie durant, j'ai été accompagné d'un côté par le thème du Christ comme Dieu vivant et actuel, le Dieu qui nous aime et nous guérit à travers la souffrance, et de l'autre côté par le thème de l'amour, qui devient central dans la théologie de Jean — dans la conscience qu'il s'agit de la clef du christianisme, que c'est à partir de là que celui-ci doit être lu. J'ai aussi écrit la première encyclique en faisant usage de cette clef.

La morale sexuelle de l'Église catholique suscite de vives oppositions, nous reviendrons sur ce point. Dans Dieu est amour, *le pape explique que « l'humanité de la foi » comprend aussi l'approbation de l'homme à sa corporéité, qui a été créée par Dieu. Est-ce un plaidoyer pour une meilleure pratique sexuelle ?*

La corporéité regroupe naturellement bien plus que ce qu'on pourrait définir par le biais de la seule sexualité, mais celle-ci en est un élément essentiel. L'important, c'est que l'homme est une âme dans un corps, qu'il est lui-même en tant que corps, qu'il peut donc avoir du corps une vision positive et considérer la sexualité comme un don positif. Elle lui permet de prendre part lui-même à la création de Dieu. Trouver cette conception positive et protéger ce trésor qui nous est donné : voilà une grande mission.

Il est exact que le christianisme a été émaillé d'intrusions rigoristes et que la tendance à une évaluation négative qui s'était formée dans la gnose a elle aussi trouvé un écho dans l'Église. Il suffit de penser au jansénisme, qui a provoqué une torsion de l'être humain et l'a plongé dans l'anxiété. Il est clair aujourd'hui que nous devons revenir à une attitude véritablement chrétienne, telle qu'elle existait dans le christianisme des origines et aux grands moments de la chrétienté : la joie et l'acceptation du corps, le oui à la sexualité considérée comme un don qui implique toujours aussi discipline et responsabilité.

Car il est une chose immuable : liberté et responsabilité vont de pair. C'est seulement lorsqu'elles sont associées que se développe la vraie joie, que le vrai « oui » est possible. Il est par conséquent important que nous déployions de nouveau l'image chrétienne de l'homme, telle que Vatican II en a posé les bases, dans sa positivité, dans son attitude de grand acquiescement.

De la même manière que dans Deus caritas est, *vous ne cessez de parler d'une « existence chrétienne » dans vos deux encycliques suivantes,* Spe salvi[1] *et l'encyclique sociale* Caritas in veritate[2], *qui appelle à la responsabilité sociale de la politique et de l'économie. Même un non spécialiste pressent que cette « existence » n'a rien à voir avec l'existence banale du citoyen des nations prospères. Le christianisme, tel que le pape l'entend, est-il par conséquent une force plutôt provocatrice, radicale, qui cherche à s'interroger sur les choses courantes ? Justement parce qu'il dit des choses que beaucoup n'osent même pas penser ?*

Je ne porterais pas de jugement sur ce qui a été pensé autrefois. Mais il faut redonner une actualité à l'idée que l'humanité est quelque chose de grand, un grand défi. La banalité qui consiste à suivre le mouvement ne lui ressemble pas.

---

1. « Sauvé par l'espérance », novembre 2007.
2. « L'amour dans la vérité », juin 2009.

Tout aussi peu l'idée selon laquelle le confort est la meilleure manière de vivre ou la *wellness* le seul contenu du bonheur. Il faut rendre de nouveau sensible l'idée que nous devons adresser des exigences supérieures à l'humanité, mieux, que c'est justement par cela que s'ouvre à nous le grand bonheur. Que cette humanité est en quelque sorte une randonnée en montagne. Parfois, les pentes sont raides. Mais ce sont elles, et elles seules, qui nous permettront d'arriver en altitude et de contempler la beauté de l'Être. Je tiens beaucoup à souligner ce point.

L'une des proclamations les plus discutées, pour l'heure, du pontificat, est le motu proprio Summorum Pontificum *de juillet 2007. Il doit faciliter l'accès à la messe en latin d'autrefois, que l'on ne pouvait célébrer jusqu'ici qu'avec l'autorisation de l'évêque local. Dans une lettre d'accompagnement, vous avez spécifiquement souligné que la liturgie renouvelée dans la langue nationale demeure la règle, et la messe tridentine le rite extraordinaire. Le pape, expliquez-vous, ne se préoccupe pas de « questions souvent mineures portant sur telle ou telle forme ». Le point fondamental est à vos yeux « le caractère cosmique de la liturgie » et le grand ensemble formé par la liturgie chrétienne et l'héritage de l'Ancien Testament. Qu'entendez-vous par là ?*

C'est un très vaste chapitre. Il s'agit de ne pas célébrer la liturgie comme s'il s'agissait, pour la communauté, de se présenter elle-même, en veillant à ce que chacun apporte une part de soi-même, si bien qu'au bout du compte seul ce

« moi-même » serait important. Il s'agit plutôt de nous fondre dans quelque chose de beaucoup plus grand ; de nous sortir en quelque sorte de nous-mêmes et de pouvoir aller au loin. C'est la raison pour laquelle il est tellement important que la liturgie ne soit pas « bricolée », si je puis m'exprimer ainsi.

La liturgie est en vérité un processus par lequel on se laisse guider dans la grande foi et la grande prière de l'Église. C'est pour cette raison que les premiers chrétiens priaient vers l'est, vers le soleil levant, le symbole du Christ qui revient. Ils voulaient montrer ainsi que le monde entier va vers le Christ et qu'Il embrasse totalement ce monde.

Ce lien avec le ciel et la terre est très important. Ce n'est pas un hasard si les anciennes Églises étaient construites de telle sorte que le soleil projette ses rayons dans la nef à un moment bien précis. Aujourd'hui, justement, alors que nous reprenons conscience de l'importance des interactions entre la terre et le cosmos, on devrait aussi reconnaître de nouveau le caractère cosmique de la liturgie. Et tout autant ce qu'elle a d'historique. Ce n'est pas un individu quelconque qui l'a inventée à une date quelconque, elle a connu une croissance organique depuis Abraham. On retrouve dans la liturgie des éléments de ce type, qui remontent aux temps les plus anciens.

Concrètement, la liturgie rénovée de Vatican II est la forme variable selon laquelle L'Église célèbre aujourd'hui. Si j'ai voulu rendre plus accessible la forme précédente, c'est surtout pour préserver la cohésion interne de l'histoire de l'Église. Nous ne pouvons pas dire : avant, tout allait de travers, maintenant tout va bien. Je veux dire que dans une communauté où la prière et l'eucharistie sont ce qui compte le plus, ce qui était autrefois le Saint des Saints ne peut pas être devenu totalement erroné. C'était une question de réconciliation interne avec notre propre passé, de continuité interne de la foi et de la prière dans l'Église.

Cette décision a par ailleurs provoqué une querelle autour de la prière du Vendredi saint pour la conversion des juifs. Le rabbin et historien new-yorkais Jacob Neusner a défendu cette prière en rappelant qu'elle se situait « dans la logique du monothéisme ». Et a précisé que les juifs croyants priaient eux aussi trois fois quotidiennement pour qu'un jour tous les non juifs invoquent eux aussi le nom de YHWH.

Au bout du compte, en février 2008, vous avez fait remplacer le texte par une nouvelle formulation. Aviez-vous pu comprendre les arguments des critiques ?

Je suis d'abord très reconnaissant envers M. Neusner d'avoir dit ce qu'il a dit, il nous aide vraiment. Deuxièmement : cette demande ne concerne pas la liturgie commune, mais uniquement le petit cercle de ceux qui utilisent l'ancien Missel. Elle n'a donc rien changé à la grande liturgie. Mais même là, dans l'ancienne liturgie, une modification me semblait nécessaire sur ce point. La formulation de cette prière était réellement blessante pour les juifs, et par ailleurs elle n'exprimait pas de manière positive l'unité interne entre l'Ancien et le Nouveau Testament.

C'est la raison pour laquelle je crois que l'ancienne liturgie appelait une modification sur ce point, notamment, je l'ai dit, au regard de notre relation avec nos amis juifs. J'ai modifié cette prière afin qu'elle exprime notre foi dans le fait que le Christ est le sauveur de tous. Qu'il n'existe pas deux chemins vers le salut, que le Christ est donc aussi le sauveur des juifs, et pas seulement celui des païens. Mais aussi dans l'idée que l'on ne prie pas immédiatement pour la conversion des juifs au sens missionnaire du terme, mais pour que le Seigneur puisse susciter l'heure historique à laquelle nous serons tous unis les uns aux autres. Les arguments qu'un certain nombre de théologiens ont lancés contre moi dans un esprit polémique sont par conséquent irréfléchis. Ils ne rendent pas compte de la réalité.

Votre motu proprio resté largement ignoré, Omnium in mentem *de décembre 2009, modifie le droit canonique sur le diaconat et le mariage. Pour la validité d'un mariage, il ne fait plus d'importance, désormais, qu'une personne ayant reçu le baptême catholique soit sortie de l'Église, par exemple pour des motifs fiscaux*[1]*. Cette modification, explique-t-on, va dans le sens d'une égalité de traitement pour tous les catholiques. Mais n'est-il pas*

---

1. En Allemagne, l'État perçoit au profit des grandes Églises un impôt auprès des personnes qui déclarent en être membres. Lorsqu'une personne déclare aux autorités sa « sortie de l'Église », elle est exemptée de cet impôt et elle n'est plus dénombrée comme membre de l'Église. Depuis peu, on s'interroge pour savoir si l'on ne peut pas continuer à se considérer comme membre d'une Église en dépit de cette sortie d'une catégorie fiscale.

déjà clair, ainsi, que quelqu'un peut, pour des motifs fiscaux, déclarer sa sortie de l'Église... et en rester membre tout de même ?

C'est un problème que je ne peux pas résoudre ici. Il s'agit d'un grand sujet de débat entre l'Allemagne et Rome : dans quelle mesure l'appartenance à la communauté de droit public qui perçoit l'impôt religieux est-elle identique à l'appartenance au corps mystérieux du Christ, que représente l'Église ? Il va de soi que l'Église a elle aussi besoin d'une constitution concrète. Elle a besoin de formes juridiques extérieures. Et bien entendu, faire quelque chose pour sa propre communauté s'inscrit aussi dans le christianisme. Le système allemand est très particulier. Il fait aujourd'hui l'objet d'une discussion très importante mais aussi, je le crois, utile, entre les organes du Saint-Siège et la Conférence épiscopale allemande. Sur ce point, je ne veux pas anticiper.

Le décret conférant à Pie XII les « vertus héroïques » a provoqué la surprise. Il s'agit d'un préalable à la béatification, ce qui n'implique pas un jugement historique ou politique, mais une évaluation de son rôle de directeur de conscience.

L'image d'Eugenio Pacelli, qui a régné sous le nom de Pie XII de 1939 à 1958, a notamment été forgée aux yeux de l'opinion publique par le dramaturge Rolf Hochhuth[1], qui brosse dans sa pièce le portrait d'un tacticien sans scrupule et avide de pouvoir, que le destin des juifs laisse indifférent. Les chercheurs le savent

---

1. Auteur du *Vicaire*. (*N.d.T.*)

aujourd'hui, ce personnage n'a pratiquement rien de commun avec le véritable Pie XII. Au total, selon l'historien Karl-Joseph Hummel, ce sont jusqu'à cent cinquante mille juifs qui, sous le pontificat de Pie XII, ont échappé aux camps d'extermination nazis avec l'aide des catholiques.

Le philosophe Bernard-Henri Lévy a expliqué que l'encyclique « Mit brennender Sorge[1] *», publiée en 1937, et à laquelle Pacelli a contribué en tant que cardinal secrétaire d'État, est jusqu'à nos jours l'un des « un des manifestes antinazis les plus fermes et les plus convaincants*[2] *». En tant que pape, Pie XII a selon lui fait en sorte que « les monastères ouvrent leurs portes aux juifs romains persécutés ». Golda Meir, futur Premier ministre d'Israël, avait déclaré en 1958 : « Lorsque, au cours de la décennie de terreur nationale-socialiste, notre peuple a subi un effroyable martyre, la voix du pape s'est levée en faveur des victimes. »*

Des communautés juives ont pourtant exprimé des réserves considérables. Aurait-il fallu attendre l'ouverture de toutes les archives du Vatican ?

En soi, la reconnaissance des vertus héroïques qui, vous l'avez dit, n'évalue pas son œuvre politique et historique en tant que telle, était déjà préparée depuis deux ans. Dans un premier temps, je n'ai pas donné ma signature, mais ordonné une inspection des archives non publiées pour avoir une

---

1. Son titre signifie : « avec une brûlante inquiétude ». Elle fut publiée sous ce titre allemand. (*N.d.T.*)

2. Article publié le 18 janvier 2001 dans le *Corriere della Serra* et repris dans l'*Osservatore Romano*. (*N.d.T.*)

certitude. Bien entendu, les plusieurs centaines de milliers de documents n'ont pu être exploités dans un sens rigoureusement scientifique. Mais on a pu encore une fois se faire une impression et constater que l'élément positif que nous connaissons déjà y est confirmé, et que l'élément négatif qui est allégué ne se confirme pas.

Vous avez vous-même souligné le fait que Pie XII a sauvé la vie de milliers de juifs en faisant par exemple ouvrir les couvents et les monastères romains — ce que seul le pape en personne peut faire — et en proclamant leur extraterritorialité, ce qui n'était pas totalement sûr du point de vue du droit, mais que les Allemands ont toléré tout de même. Une chose est très claire ; à l'instant même où il aurait émis une protestation publique, on n'aurait plus respecté l'extraterritorialité et les milliers de personnes qui avaient été mises en sécurité dans les monastères romains auraient été déportées.

Dans cette mesure, l'enjeu était simple : c'étaient les nombreuses vies humaines que l'on ne pouvait sauver autrement. On a découvert tout récemment que dès 1938, alors qu'il était secrétaire d'État, Pacelli a écrit à des évêques du monde entier leur demandant d'agir afin que l'on accorde généreusement des visas aux juifs qui émigraient d'Allemagne. Il a tout fait à l'époque pour sauver des vies. Bien entendu, on peut reposer sans cesse la question : « Pourquoi n'a-t-il pas protesté plus clairement ? » Je crois qu'il a vu quelles conséquences aurait une protestation ouverte. Il en a beaucoup souffert personnellement, cela, nous le savons. Il savait qu'il aurait dû parler, mais la situation le lui a interdit.

Et voilà qu'une autre catégorie de gens plus malins que les autres affirme aujourd'hui qu'il a certes sauvé beaucoup de personnes, mais qu'il avait sur les juifs des conceptions démodées et qu'il n'était pas à la hauteur de Vatican II. Mais là n'est pas la question. Ce qui compte, c'est ce qu'il a fait et tenté de faire ; et sur ce point, je crois qu'il faut réellement reconnaître qu'il a été l'un des grands Justes et qu'il a sauvé plus de juifs que quiconque.

11

Voyages pastoraux

Le pape n'est peut-être pas l'homme le plus puissant du monde, mais ses voyages planétaires lui permettent de toucher des millions de personnes, plus que n'importe quelle pop star. Autrefois, on ne vous considérait pas forcément comme un grand tribun. Cela donne le trac ?

Il m'arrive bien entendu d'être soucieux et de me demander si je supporterai tout cela, y compris d'un point de vue purement physique. Les voyages me mettent tout de même toujours beaucoup à contribution. Le trac, à proprement parler, je ne l'ai pas, car tout est bien préparé. Je sais que je ne parle pas en mon nom propre, que je suis simplement là au nom du Seigneur — et je ne dois pas me demander si je fais bien les choses, si j'ai bonne mine, si je suis apprécié, et toute cette sorte de choses. J'accomplis la mission qui m'a été confiée, en ayant conscience de le faire au nom d'un autre, et que cet autre répond aussi de moi. Dans ce sens, ces voyages se déroulent sans crainte intérieure.

Votre prédécesseur passait pour un grand bateleur dont la seule présence physique, la voix et la gestuelle produisaient un effet considérable et avait un immense écho dans les médias. Vous n'avez pas forcément la même stature ni la même voix. Cela vous a-t-il posé un problème ?

Je me suis simplement dit : je suis comme je suis. Je ne cherche pas à être un autre. Ce que je peux donner, je le donne, et ce que je ne peux pas donner, j'essaie aussi de ne pas le donner. Je ne cherche pas à faire de moi-même ce que je ne suis pas. J'ai été élu, c'est tout — les cardinaux en portent aussi la responsabilité —, et je fais ce que je peux.

Les Journées Mondiales de la Jeunesse organisée à Cologne en août 2005, avec leur 1,1 million de participants, et plus tard les JMJ de Sydney, ont révélé des qualités insoupçonnées. « Ici, au bord du Rhin », a constaté le journal italien de gauche La Repubblica, *la cuirasse du gardien de la foi s'est brisée, même aux yeux de ses compatriotes méfiants, pour laisser apparaître un berger qui décrit l'Église comme un « lieu de la tendresse de Dieu ». Avez-vous été vous-même surpris de votre bon contact avec les jeunes ?*

En tout cas, j'ai été réjoui qu'un contact tout à fait spontané se soit établi. Et de fait, ces Journées Mondiales de la Jeunesse ont été un véritable cadeau. Quand je pense au nombre de jeunes pour lesquels cette manifestation a été un nouveau point de départ et a, par la suite, alimenté leur vie spirituelle, combien de nouvelles initiatives liées à la foi en sont nées, quelle joie de vivre mais aussi quel recueillement règnent au cours de ces Journées mondiales, je n'ai qu'une seule chose à dire : ce qui se passe là, nous n'y sommes absolument pour rien.

En Australie, on s'attendait à de grands problèmes de sécurité, des difficultés, des heurts, bref, tout ce qui se passe lors de manifestations de masse. On était très inquiet et critique. Au bout du compte, la police était enthousiaste et tout le monde était heureux parce qu'il n'y a pas eu la moindre perturbation. Nous étions tout simplement portés par la joie commune de la foi, et cela a permis à des centaines de milliers de personnes d'attendre le sacrement en silence, en ne faisant plus qu'un. Cette foule recueillie et joyeuse, cette gaieté intérieure, cette véritable rencontre, l'absence de toute criminalité — il se passe réellement ici quelque chose de tout à fait étonnant, de très différent des manifestations de masse du même type. Et nous avons encore des retombées de Sydney aujourd'hui, par exemple des vocations sacerdotales. Avec les Journées Mondiales de la Jeunesse, il me semble qu'a été inventé quelque chose qui aide tout le monde.

Avec près de vingt visites à l'étranger, que ce soit en Pologne, en République tchèque, en Espagne, en Autriche, en Australie, en Amérique du Nord et du Sud, en Afrique, au Portugal, à Chypre, en Israël et en Angleterre, vous êtes aussi devenu un pape voyageur. Prenons quelques exemples. Au Brésil, vous avez visité des institutions sociales du pays et vous avez participé à la rencontre historique de cent soixante-seize cardinaux et évêques d'Amérique Latine. La foi en Dieu, avez-vous déclaré, a animé et rendu vivants ces pays pendant plus de cinq siècles dans la rencontre avec les peuples originels. Pourtant, aujourd'hui, l'identité catholique de sa population est remise en question.

Au cours des vingt-cinq dernières années, la géographie des religions s'est profondément transformée. Dans des pays et des régions où l'on trouvait encore jusqu'à 90 % de catholiques, voire plus, leur part est descendue à 60 %. C'est une double transformation. Il y a d'une part les sectes évangéliques qui labourent le territoire en profondeur — elles-mêmes étant très instables et ne créant pas non plus d'appartenance durable. Et de l'autre la sécularisation qui exerce, par le biais des médias, une forte influence et transforme les consciences. Dans cette mesure, il existe réellement sur ce point une crise culturelle profonde. Il est d'autant plus important que la foi catholique se présente sous un jour nouveau et vivant, qu'elle prenne de nouveau la parole comme une force d'unité, de solidarité et d'ouverture de l'éternel sur le temporel.

Lors de votre voyage aux États-Unis, on évoquait avant tout la situation après la révélation des cas d'abus sexuel. Quelle impression avez-vous rapportée de cette visite ?

Même les non-catholiques ont été surpris, je crois, de constater que la visite n'avait rien d'une provocation, qu'elle a éveillé les forces positives de la foi et touché tous ceux qui étaient présents. Où que se soit rendu le pape, il y avait une foule innombrable, et il régnait une allégresse catholique tout à fait incroyable Que ce soit au cours des magnifiques messes — à Washington avec de la musique plutôt moderne, à New York d'un classicisme avéré — où à l'université catholique, partout on participait dans la joie, il y avait une conscience de la proximité, de la coexistence, qui m'a beaucoup touché. Ensuite, j'ai parlé avec des victimes d'abus sexuels et découvert de nombreuses institutions liées au travail de la jeunesse.

L'Église catholique aux États-Unis a-t-elle déjà surmonté la crise ?

Ce serait peut-être trop dire. Mais elle sait quel danger elle court, elle sait dans quelle détresse elle se trouve, elle connaît le péché en elle. C'est très important. Elle se trouve en outre dans une phase de grand renouveau intérieur pour dépasser tout cela, et pour vivre et mettre en œuvre de nouveau, à notre époque, l'identité catholique.

Vous semblez apprécier tout particulièrement l'Espagne. Vous avez déjà visité le pays à plusieurs reprises, et vous y serez de nouveau pour les Journées Mondiales de la Jeunesse en 2011.

L'Espagne est naturellement l'un des grands pays catholiques, elle a offert à l'Église de grands saints, lui a donné des impulsions importantes et a en outre marqué de son empreinte toute l'Amérique centrale et du Sud. Se trouver face à l'histoire de l'Espagne, mais aussi face à son actualité, est toujours excitant. C'est un pays fait d'oppositions dramatiques.

Pensons par exemple à la confrontation entre la République des années 1930 et Franco ; ou encore à la lutte dramatique qui se joue actuellement entre une laïcité radicale et une foi déterminée.

C'est un pays qui demeure dans un grand mouvement historique, mais au point de rencontre de diverses cultures, par exemple celle des Basques et celle des Catalans. L'Espagne a toujours été l'un des grands pays créatifs du catholicisme. J'entrerai de nouveau en contact avec lui, notamment, lors des Journées Mondiales de la Jeunesse à Madrid — si Dieu veut encore me prêter vie à cette date. Cette année, deux petites visites sont prévues : chez saint Jacques, à Compostelle, et dans la célèbre basilique de la *Sagrada Familia* à Barcelone, dessinée par Gaudí.

Nulle part ailleurs le pape ne rassemble autant de personnes autour de lui ; c'est étonnant, si l'on tient compte des problèmes que rencontre justement l'Église catholique en Espagne, y compris parce qu'elle a négligé de mener un véritable travail de réflexion sur la dictature de Franco.

Manifestement, la vitalité de la foi est aussi inscrite dans l'ADN des Espagnols.

Parlons de la France. Autre pays doté d'un grand passé catholique, avec de remarquables fondations d'ordres religieux et ce lieu de pèlerinage unique qu'est Lourdes, que vous avez visité. Mais aussi un pays où l'esprit de laïcité est très avancé.

Avant ma visite, on m'avait prévenu que je partais pour un pays largement athée et que j'allais avoir droit à un accueil plutôt glacial. Ça a été tout le contraire. La messe à Paris était impressionnante. Il y avait des dizaines de milliers de personnes sur l'esplanade des Invalides, rassemblées dans une intensité de prière et de foi qui m'a ému. Les vêpres à Notre-Dame resteront bien entendu inoubliables : cet espace splendide prie tout simplement avec vous, et la musique était grandiose. On a vu ici la lumière et l'éclat de la grande culture catholique française. Je me rappelle avec plaisir la rencontre avec les académiciens à l'Institut de France et au collège des Bernardins, où j'ai tenu une conférence que la France intellectuelle a suivie avec attention — elle a, d'une certaine manière, reconnu le pape comme l'un des siens.

Lourdes est bien entendu un lieu très particulier, où tout vibre de foi et de prières et où la Sainte Vierge est toujours là d'une manière quasiment sensible : Elle émeut les gens, Elle les anime. Ici, donner le sacrement des malades à des êtres qui étaient déjà en partie dans la mort, dans une atmosphère d'humilité et de prière silencieuse, était particulièrement impressionnant. Il a été très important, pour moi, de voir que dans cette France prétendue laïque subsiste une immense force de foi.

Et l'un des pays à ne pas encore avoir reçu de visite officielle du pape est justement l'Allemagne — c'est pour tout dire une situation inouïe. Est-ce l'expression d'un désaccord avec le gouvernement allemand ? Ou bien celle d'une certaine mauvaise humeur face à la hargne et les médiocres affects petit-bourgeois que l'on oppose souvent au pape dans le débat public ?

Il est vrai que je n'ai pas encore fait de visite officielle en Allemagne, mais je m'y suis rendu à deux reprises. Une fois à Cologne, qui donna lieu également à une rencontre avec le gouvernement, et une fois en Bavière, qui fait tout de même elle aussi partie de l'Allemagne. Mais il est exact qu'on ne peut pas négliger la capitale. Si le Seigneur m'en donne encore la force, j'aimerais bien faire une nouvelle visite en Allemagne.

Des millions de personnes se réjouiront, mais objecteront aussi qu'il est tard, alors que le troupeau est soumis à une telle pression dans la patrie du pape et aurait besoin, d'urgence, de l'assistance du pâtre.

Oui, le troupeau est soumis à une forte pression, et si je peux venir en personne, je le ferai volontiers. D'ici là, je suis aussi en contact vivant avec les pasteurs et avec tant d'autres personnes en Allemagne qu'il existe, disons, une présence interne permanente et une proximité tout à fait spécifique.

Avec votre voyage en Afrique, en mars 2009, la politique du Vatican à l'égard du Sida est revenue dans la ligne de mire des médias. Vingt-cinq pour cent des personnes atteintes par cette maladie dans le monde sont aujourd'hui traitées dans des institutions catholiques. Dans certains pays, par exemple au Lesotho, ce chiffre dépasse largement les 40 %. Vous avez déclaré en Afrique que l'enseignement traditionnel de l'Église s'est révélé être l'unique moyen sûr de freiner la propagation du virus HIV. Des critiques, y compris dans les rangs de l'Église, répondent que c'est de la folie d'interdire l'utilisation de préservatifs à une population menacée par le Sida.

Dans la presse, le voyage en Afrique a été totalement éclipsé par une seule et unique phrase. On m'avait demandé pourquoi l'Église catholique défend à propos du Sida une position irréaliste et inefficace. Je me suis vraiment senti provoqué. En réalité, l'Église en fait plus que tous les autres sur cette question. Sur ce point, je persiste et je signe. Parce qu'elle est la seule institution à se tenir concrètement tout près des hommes, en faisant de la prévention, en éduquant, en aidant, en conseillant, en accompagnant. Parce qu'elle traite comme personne ne le fait tant de malades du Sida, et en particulier tant d'enfants atteints par cette maladie. J'ai pu visiter l'un de ces centres de soins et parler aux malades.

C'était cela, la réponse. L'Église en fait plus que les autres parce qu'elle ne se contente pas de faire des discours dans les journaux, mais aide les sœurs et les frères sur le terrain. À cette occasion, je n'ai pas pris position d'une manière générale sur le problème du préservatif, j'avais juste dit, et cela a fait beaucoup de vagues, que l'on ne peut pas résoudre le problème en distribuant des préservatifs. Il faut faire beaucoup plus. Nous devons être proches des gens, les guider, les aider ; et ce aussi bien avant qu'après l'irruption de la maladie[1].

---

1. Le texte complet est publié dans les annexes de ce livre.

C'est un fait : partout où quelqu'un veut avoir des préservatifs, il en a à sa disposition. Mais cela seul ne résout pas la question. Il faut plus que cela. Depuis peu s'est développée, y compris dans les milieux laïques, ce que l'on a appelé la théorie ABC, pour *Abstinence — Be faithful — Condom* [Abstinence — Fidélité — Préservatif], où le préservatif n'est conçu que comme un pis-aller si les deux autres éléments ne fonctionnent pas. Cela signifie que la seule fixation sur le préservatif représente une banalisation de la sexualité. Or cette banalisation est justement à l'origine d'un phénomène dangereux : tant de personnes ne trouvent plus dans la sexualité l'expression de leur amour, mais uniquement une sorte de drogue qu'ils s'administrent eux-mêmes. C'est la raison pour laquelle le combat contre la banalisation de la sexualité est aussi une partie de la lutte menée pour que la sexualité soit vue sous un jour positif, et pour qu'elle puisse exercer son effet bénéfique dans tout ce qui constitue notre humanité.

Il peut y avoir des cas particuliers, par exemple lorsqu'un prostitué utilise un préservatif, dans la mesure où cela peut être un premier pas vers une moralisation, un premier élément de responsabilité permettant de développer à nouveau une conscience du fait que tout n'est pas permis et que l'on ne peut pas faire tout ce que l'on veut. Mais ce n'est pas la véritable manière de répondre au mal que constitue l'infection par le virus VIH. La bonne réponse réside forcément dans l'humanisation de la sexualité.

Cela signifie que l'Église catholique, sur le principe, n'est pas du tout opposée à l'utilisation de préservatifs ?

Elle ne la considère naturellement pas comme une solution véritable et morale. Dans l'un ou l'autre cas, cependant, dans l'intention de réduire le risque de contamination, l'utilisation d'un préservatif peut cependant constituer un premier pas sur le chemin d'une sexualité vécue autrement, une sexualité plus humaine.

12

L'AFFAIRE WILLIAMSON

Pendant quatre ans, le pape fait du bon boulot, pour s'exprimer avec désinvolture. Les opposants sont pratiquement réduits au silence. Mais en janvier 2009, il y a un tournant, de nouveau, d'un seul coup, les anciennes voix agressives se font réentendre. On lit encore une fois dans certaines parties de la presse que le pape Benoît XVI est un technocrate glacé. Le déclencheur, nous l'avons dit au début de notre entretien, c'est la levée de l'excommunication de quatre évêques de la Fraternité sacerdotala Saint-Pie X qui, sous l'autorité de Mgr Lefebvre, l'archevêque français, s'était scindée de Rome. À l'heure actuelle, selon ses dires, la fraternité regroupe quelque six cent mille croyants, près de cinq cents prêtres, deux cent quinze séminaristes, quatre-vingt-six écoles et deux instituts universitaires.

Avant toute chose : n'étiez-vous pas forcé de considérer que vous pouviez vous attendre à tout en accomplissant cette démarche, sauf à l'approbation du public ? Le profit ne pouvait être que très mince, et le coût considérable.

C'est exact. J'ai déjà expliqué que cette démarche est en bonne partie parallèle à ce que nous faisons en Chine. Lorsque des évêques qui se trouvaient excommuniés parce qu'ils avaient commis un manquement à l'égard de la primauté finissent par la reconnaître, leur excommunication est levée, ce qui est juste. Comme je l'ai déjà dit, leur excommunication n'avait donc rien à voir avec Vatican II ; elle avait été prononcée en raison d'une transgression au principe de la primauté. Ils venaient de proclamer dans une lettre leur approbation à ce principe ; la conséquence juridique était donc parfaitement claire.

Cela étant dit, une assemblée de tous les chefs de dicastères — c'est-à-dire de tous ceux qui président une instance de gouvernement pontifical — avait déjà décidé sous Jean-Paul II de revenir sur l'excommunication au cas où une lettre de ce type arriverait. De notre côté, nous avons hélas accompli un mauvais travail d'information du public, si bien que personne n'a vu le contenu réel et juridique de ce processus, ni ses limites. Pour combler le tout, il y a eu ensuite la catastrophe Williamson, que nous n'avions malheureusement pas du tout prévue, ce qui est une circonstance particulièrement attristante.

Si vous aviez su que se trouvait parmi les évêques un homme qui nie l'existence des chambres à gaz nazies, auriez-vous signé la levée de l'excommunication ?

Non. Dans ce cas, il aurait au moins fallu mettre le cas Williamson à part. Malheureusement, personne, chez nous, n'est allé voir sur Internet et s'apercevoir de qui il s'agissait.

Mais avant de lever une excommunication, ne faudrait-il pas commencer par passer au crible les personnes en question et leur mode de vie — surtout lorsqu'il s'agit d'une communauté qui a évolué de manière douteuse, dans son isolement aussi bien théologique que politique ?

Ce qui est vrai, c'est que Williamson est un personnage à part dans la mesure où il n'a jamais été catholique, au sens propre du terme. Il était anglican, et il est directement passé des anglicans chez Lefebvre. Cela signifie qu'il n'a jamais vécu dans la grande Église, dans la communion avec le pape. Nos instances compétentes sur ces questions ont expliqué que les quatre personnes concernées avaient la volonté de reconnaître sans réserve le principe de primauté du pape. Mais évidemment, on est toujours plus malin après coup.

On se demande aujourd'hui si toute cette affaire n'aurait pas pu être un complot pour infliger les plus grands dommages possibles au pape. La chronologie, à elle seule, permet de soupçonner une opération concertée.[1]

---

1. Le décret levant l'excommunication porte la date du 21 janvier 2009. Il est remis dès le 20 janvier. Le 21 janvier précisément, c'est-à-dire à partir du moment où le décret se trouve entre les mains de la Fraternité Saint-Pie X et où l'on ne peut plus revenir dessus, la télévision suédoise diffuse pour la première fois cette triste interview dans laquelle Williamson nie l'existence des chambres à gaz nazies. Or cette interview a été enregistrée au mois de novembre 2009. Williamson avait déclaré auparavant que la Fraternité ne pouvait qu'être reconnaissante de la « protection » que lui avait value l'excommunication : cela évitait les risques de contamination par les

En tout cas, les dégâts sont gigantesques. Pendant des semaines, l'affaire fait les gros titres de la presse, et des titres négatifs. Si cette affaire a pu survenir, cela tenait précisément au fait que le contexte réel avait été passé sous silence. Le service de presse du Vatican n'a peut-être pas accompli son travail de manière optimale, mais les journalistes des grands médias ont fait le leur de façon pire encore. Une ou deux questions auraient suffi à tirer cette affaire au clair. Mais ils n'ont pas voulu se priver de leurs titres à scandale. Dans le décret en question, en effet, il était clairement indiqué que le pape a seulement décidé de « revoir » la situation des évêques au regard du droit canonique.

Une chose était claire : du point de vue du droit de l'Église, les quatre évêques restent suspendus. Il leur est interdit d'exercer leur ministère. Cette démarche ne signifiait pas une réconciliation, et encore moins une réhabilitation. Cela n'empêche pas la Süddeutsche Zeitung *de publier ce titre ravageur : « Le pape ramène dans l'Église un négateur de l'holocauste », et d'affirmer qu'il s'agit d'un signal honteux, et même d'un « péché originel ».*

Comment votre geste a-t-il pu être compris comme un refus de la réconciliation entre les chrétiens et les juifs ?

« néo-modernistes » du Vatican. Comme l'interview n'avait pas été publiée jusque-là, personne au Vatican ne pouvait connaître les propos qui y avaient été tenus. Sa diffusion, le 21 janvier, a fait exploser cette bombe. On s'est servi de quelques journalistes pour la faire exploser.

Comme je l'ai écrit dans ma lettre ultérieure, il existe manifestement une hostilité toujours prête à passer à l'action, qui attend ce genre de choses pour frapper ensuite droit au but. Nous avons quant à nous commis l'erreur de ne pas étudier et préparer suffisamment cette affaire. D'un autre côté, cette envie d'agresser était déjà présente et n'attendait que sa proie.

Tous les services jouant un rôle important au Vatican ont immédiatement affirmé que les négationnistes n'avaient rien à faire dans l'Église catholique. Tout juste deux mois auparavant, le 9 novembre, vous aviez commémoré à Rome le soixante-dixième anniversaire de la « Nuit de Cristal ». Vous avez appelé à cette occasion à une « profonde solidarité avec le monde juif » et à la prière pour les victimes, rappelant que le devoir de chacun est de s'engager, dans tous les domaines, contre toute forme d'antisémitisme et de discrimination.

Lors de l'audience générale du 28 janvier 2009, la première occasion qui s'est présentée de prendre personnellement et position sur le cas Williamson, le pape a publié une déclaration dans laquelle il exprimait sa « solidarité pleine et indiscutable avec nos frères destinataires de la Première Alliance ». La Shoah, lit-on dans ce document, doit être « pour tous un avertissement contre l'oubli, contre la négation ou le réductionnisme[1] ».

Le Secrétaire général du Conseil Central des Juifs d'Allemagne a pourtant affirmé que le pape avait voulu « rendre fréquentable

---

1. « Communications du pape à la fin de l'audience générale sur la levée des excommunications et sur la Shoah », 28 janvier 2009. *(N.d.T.)*

un négationniste ». Un essayiste juif a même évoqué la réhabilitation « d'antisémites actifs ». Il a qualifié le pape d'« hypocrite ». La présidente de ce même Conseil a annoncé que le dialogue avec l'Église catholique prenait fin immédiatement.

Cette affaire ne montre-t-elle pas aussi que la relation avec les juifs évolue toujours sur un terrain particulièrement fragile ?

Ce qui apparaît en tout cas, c'est qu'il existe toujours de grandes peurs et de grandes tensions, que le dialogue peut facilement en pâtir et qu'il est en danger. Dans le grand judaïsme mondial, il s'est cependant immédiatement trouvé beaucoup de personnes pour attester que je ne rendrais jamais un négationniste fréquentable. Ce sont des personnes qui me connaissent. Dans cette mesure, il n'a pas été question d'une rupture du dialogue.

C'est en Allemagne que ce danger existait le plus. Les juifs allemands ont manifestement une sensibilité particulièrement aiguë et il existe aussi en Allemagne une… disons, une susceptibilité lorsqu'il est question du pape. Ici, semble-t-il, l'image générale que les Allemands ont du pape a manifestement un peu fait tache d'huile sur le judaïsme, si bien que ces prises de parole ne reflètent pas seulement la situation juive, mais aussi la situation allemande. Mais bien entendu, je l'ai dit, il s'est agi d'un moment critique qui montre combien nous devons être vigilants, et combien la situation peut être périlleuse. Mais dans le même temps, la confiance n'a jamais disparu au sein du judaïsme mondial.

Angela Merkel, la chancelière protestante du pays responsable de la Shoah, a exigé du Vatican qu'il se prononce sans ambiguïté contre l'antisémitisme ; les déclarations faites jusqu'ici ne suffisaient pas.

Je ne veux pas revenir sur toute cette affaire. Manifestement, elle n'avait eu qu'une information incomplète sur ce qu'avait dit et fait entre-temps l'Église catholique.

Vous avez été particulièrement attristé, avez-vous noté plus tard, « que même des catholiques qui auraient dû savoir de quoi il retournait aient cru devoir s'en prendre à moi ».

Qu'il existe dans l'Allemagne catholique un nombre considérable de personnes attendant, en quelque sorte, le moment où elles pourront s'en prendre au pape, c'est un fait et cela fait partie de la forme qu'a prise le catholicisme à notre époque. Ce à quoi nous devons sérieusement nous employer, ce pour quoi nous devons nous battre, c'est la renaissance d'un accord fondamental.

Votre voyage en Terre Sainte était prévu pour le mois de mai 2009, c'est-à-dire dans le sillage immédiat de l'affaire Williamson, et on l'attendait avec une extrême tension. Comme votre voyage en Turquie, immédiatement après les confrontations suscitées par le « Discours de Ratisbonne », ce voyage a provoqué un retournement étonnant. Les relations entre le Vatican et Israël, a expliqué l'ambassadeur israélien au Saint-Siège, Mordechay Lewy, se sont nettement améliorées. Il a cité une parole de la Bible, du Livre des Juges : « et de l'amer est sorti le doux[1]*. »*

Je l'avais déjà dit : la tension avec Israël n'a pas été comparable à celle qui existait en Allemagne. Il y a toujours eu une confiance mutuelle. On savait que le Vatican défendait Israël, défendait le judaïsme de ce monde, et que nous reconnaissions les juifs comme nos frères et nos pères. Il a été très émouvant, pour moi, de voir avec quelle cordialité nous a accueillis le président israélien, Shimon Peres, qui est une grande personnalité. Lui-même porte le lourd poids de ses souvenirs. Vous savez que l'on a enfermé son père dans une synagogue avant d'y mettre le feu. Mais il est venu vers moi avec une grande franchise, en sachant que nous avons des valeurs communes, que nous nous battons pour la paix, pour que l'on façonne l'avenir, et en sachant que la question de l'existence d'Israël joue un grand rôle dans ce projet.

Globalement, on nous a réservé une grande hospitalité. J'étais, dirais-je, peut-être trop protégé. En tout cas, la protection qui m'a été accordée était d'une ampleur considérable. Mais nous avons pu — ce qui n'avait pas encore été possible pour Jean-Paul II — célébrer deux grandes messes publiques en Israël, une très belle à Jérusalem puis, ce qui était très émouvant, une autre sur les hauteurs de Nazareth, à l'endroit où l'on a voulu précipiter le Seigneur dans le vide. Ce fut une grande et visible manifestation de la foi chrétienne dans l'État d'Israël.

---

1. *Livre des Juges*, XIV, 14. (N.d.T.)

Et puis bien entendu, cela serre toujours le cœur de marcher sur les lieux mêmes de l'Annonciation, de la Nativité, de la crucifixion, et devant le tombeau du Christ. J'ai aussi pu rencontrer les autres communautés chrétiennes. Autant de grands événements émouvants. Pour finir, j'ai aussi visité la Jordanie et les Territoires palestiniens, et j'ai pu établir une relation très cordiale avec le roi de Jordanie et toute la maison royale. Il m'a offert plusieurs centaines de bouteilles d'eau du Jourdain afin que nous la mettions à disposition pour les baptêmes.

Dans les Territoires palestiniens autonomes, j'ai eu des rencontres impressionnantes avec des enfants dont les parents sont retenus prisonniers en Israël. Nous avons donc aussi vu l'autre face de la souffrance ; au bout du compte, c'est un large panorama de la souffrance dans les deux camps qui s'est déployé devant nous. Il y a une chose que nous avons encore mieux compris ainsi : la seule solution, c'est la paix, et tout doit être fait pour que les deux parties puissent coexister en paix dans ce pays tourmenté.

Revenons sur les cinq premières années de votre pontificat : à quoi ressemblerait un rapide bilan intermédiaire ? Que croyez-vous avoir déjà obtenu, qu'est-ce qui vous semble particulièrement réussi ?

Les grands voyages ont été des rencontres importantes avec les différentes cultures et continuent à produire des effets. Ce n'étaient pas de grands shows quelconques. Quand je pense au mouvement qu'a déclenché la rencontre avec les évêques au

Brésil ! Nous avons lancé la Mission continentale, qui définit désormais les programmes des diocèses. Autre exemple marquant, la rencontre avec la Fazenda da Esperança, un centre de soins pour toxicomanes. Le bon Père Hans Stapel croule sous les demandes venues du monde entier pour fonder d'autres centres à présent un peu partout. On avait partout conscience du fait que l'Église catholique est vivante et pleine de forces.

Même chose aux États-Unis, en France, au Portugal. Je pense que d'autres voyages ont produit un bon effet : en République tchèque, en Autriche, en Pologne, avec toute la vivacité que nous y avons trouvée, en Australie bien entendu, en Afrique, où la dynamique de la joie a vraiment eu un effet contagieux. Partout, l'Église se retrouvait elle-même et rencontrait le Seigneur, de telle sorte que l'Église a pris conscience d'elle-même devant le Seigneur et a pris conscience d'être issue du Seigneur. Partout l'événement a vivifié son souvenir. Dans cette mesure, ces voyages ont été le fil rouge qui a traversé tout ce début de pontificat et avec de nombreuses conséquences.

Il y a eu, d'autre part, les moments forts des deux grandes années, l'Année Saint-Paul et l'Année sacerdotale, qui ont fait briller avec une nouvelle force les lumières essentielles de la foi et ont ouvert sur une méditation commune. Les deux synodes ont pesé d'un grand poids, ils ont été des lieux de rencontre où se sont exprimés des témoignages émouvants, notamment celui consacré à la Parole de Dieu.

De l'autre côté, il y eut cette grande période de scandale et les blessures causées à l'Église, mais qui ont tout de même eu pour nous, nous l'avons déjà dit, une force purificatrice et peuvent donc, au bout du compte, se révéler comme des éléments positifs.

Vous avez dit un jour que dans une certaine mesure, vous deviez aussi « supporter » cette fonction. Êtes-vous aussi déçu de certaines choses qui n'ont pas pu se faire ?
Bien sûr, je suis aussi déçu. Déçu du fait qu'avant tout, dans le monde occidental, subsiste cette aversion pour l'Église, que la sécularisation gagne en autonomie et prenne des formes qui éloignent de plus en plus de personnes de la foi, que le courant dominant de notre temps continue à s'opposer à l'Église. Mais je crois que c'est précisément aussi la situation propre au christianisme, ce combat entre deux types d'amour. Il en a toujours été ainsi. Tantôt c'est un côté qui a le dessus, tantôt c'est l'autre.

Paul VI a vendu la tiare pour mettre le produit de la vente à disposition. Votre prédécesseur par le nom, Benoît XV, a vidé les caisses après la Première Guerre mondiale pour donner l'argent aux pauvres. Aujourd'hui encore, le monde attend des gestes ostensibles du Vatican. Des signes qui expriment de manière visible, aux yeux de tous, le sérieux de la purification et le retour aux origines de l'Église apostolique. Quand Benoît XVI mettra-t-il sérieusement en accord ses actes et ses paroles, selon lesquelles l'Église doit se séparer de ses biens pour conserver son Bien ?

C'est une expression que Pie X a employée pendant la crise française, lorsque l'alternative était ou bien d'accepter le système d'État — qui aurait certes apporté des avantages à l'Église, mais l'aurait aussi placée sous l'autorité de l'État —, ou bien y renoncer et vivre dans la pauvreté. Dans ce dernier cas, le Bien l'emporte sur les biens. C'est une norme qui s'applique toujours et dont il faut tenir compte dans chaque décision que nous prenons, y compris et surtout lorsqu'elle est d'ordre politique. Mais cela ne signifie pas non plus que nous nous débarrassions des biens avec légèreté, tant qu'ils conservent leur caractère d'utilité. La question est de savoir combien de temps une chose sert vraiment le collectif. Nous ne devrions jamais y être soumis, nous retrouver dans une situation où les biens dominent le Bien, et non l'inverse.

Pour le moment, on a l'impression qu'après cette première période de cinq ans, et les abus dont nous avons parlé, le pontificat de Benoît XVI va se faire plutôt encore plus pressant et plus déterminé. Vous avez même parlé d'une « ère nouvelle pour l'évangélisation ».

Il faut encore attendre pour voir ce dont nous sommes capables, ce que nous réussirons à faire. Mais travailler avec fraîcheur et énergie à la manière dont l'Évangile doit être annoncé à ce monde sous une nouvelle forme afin que sa voix y porte, et déployer à cette fin toutes les énergies à cette fin, ce sont autant de points de la mission qui m'a été assignée.

Troisième partie

Où allons-nous ?

13

ÉGLISE, FOI ET SOCIÉTÉ

Les problèmes de la société n'ont pas diminué ; ils posent avec une nouvelle urgence les questions qui portent sur la manière de concevoir notre vie : quelles sont nos valeurs, quels sont nos repères ? De quoi nous occupons-nous au juste ? Comment voulons-nous vivre demain ?

Nous voyons bien aujourd'hui que le monde risque de basculer dans l'abîme. Qu'un système économique débarrassé de toutes ses protections peut se transformer en un capitalisme prédateur qui engloutit d'immenses valeurs. Que vivre à grande vitesse non seulement nous surmène, mais nous fait perdre nos points de repère. Qu'à côté de cette société qui va à toute vitesse s'est aussi développée une société désorientée qui n'accepte plus aujourd'hui ce qui lui semblait encore juste hier, et qui tiendra demain pour juste ce qui est aujourd'hui considéré comme une faute.

On voit apparaître des symptômes comme le burn-out *qui prennent la dimension de phénomènes de masse, de nouvelles manies comme l'addiction au jeu ou à la pornographie. On a vu, dans la folie de l'optimisation qui s'est emparée des grands groupes, apparaître un stress au travail dont on ne vient pratiquement plus à bout. Nous devons faire face à la situation d'enfants qui souffrent d'une perte des relations familiales. Et à la domination des médias, qui ont développé une culture de la rupture du tabou, de l'abêtissement et de l'abrutissement moral. Et nous avons les offres des médias électroniques qui pourraient manipuler et détruire nos qualités humaines.*

Saint-Père, l'Église a toujours apporté une contribution importante à l'évolution des civilisations. Mais aujourd'hui, dans de nombreux pays, se répand une attitude de dédain, et aussi, de plus en plus souvent, d'hostilité à l'égard de la religion chrétienne. Que s'est-il passé, au juste ?

D'une part, l'évolution de la pensée progressiste des temps modernes et de la science a produit un esprit susceptible de faire croire que « l'hypothèse de Dieu », pour reprendre l'expression de Laplace[1], est superflue. Aujourd'hui, l'homme pense pouvoir faire lui-même tout ce que, jadis, il attendait de Dieu et de Lui seul. Dans ce modèle de pensée, prétendument scientifique, les choses de la foi paraissent archaïques, mythiques, comme si elles appartenaient à une civilisation révolue. La religion — du moins la religion chrétienne — est alors considérée comme une relique du passé. Au XVIIIe siècle, déjà, les Lumières affirmaient qu'un jour, le pape, ce dalaï-

---

1. Interrogé par Napoléon, Laplace aurait répondu : « Dieu ? Je n'ai pas besoin de cette hypothèse ». *(N.d.T.)*

lama d'Europe, devrait déguerpir. Les Lumières devaient éliminer définitivement de telles arriérations qui relevaient du mythe.

Est-ce un problème d'autorité, dû au fait qu'une société libérale ne tolère plus aucune critique ? Ou bien est-ce aussi un problème de communication lié au fait que l'Église, avec ses valeurs apparemment traditionnelles, avec des notions comme le péché, le remords et la conversion, n'a plus aucun message à transmettre ?

Je dirais que ce sont les deux. Cette pensée qui a remporté tant de succès, et contient beaucoup de choses justes, a transformé l'orientation fondamentale de l'homme à l'égard de la réalité. Il ne cherche plus le mystère, le divin, il croit au contraire que la science finira bien par déchiffrer un jour tout ce que nous ne comprenons pas encore aujourd'hui. Ce n'est qu'une question de temps, et nous maîtriserons tout.

C'est ainsi que le critère de scientificité est devenu le critère suprême. Récemment, je n'ai pu m'empêcher de rire. On a dit à la télévision qu'il était désormais scientifiquement prouvé que la tendresse des mères était utile aux enfants. On pourrait penser ce genre d'études absurdes, ou relevant d'une conception erronée, populiste et infantile de la science, mais cela témoigne aussi d'un modèle de pensée où la foi dans le mystère, dans l'action de Dieu, en un mot toute la dimension religieuse, est devenue caduque parce que « non scientifique », et ne trouve plus aucune place. C'est un aspect des choses.

Et l'autre ?
L'autre, c'est précisément que la science redécouvre ses frontières, que beaucoup de scientifiques s'interrogent de nouveau sur l'origine de tout cela, et que nous devons alors nous reposer cette question. Cela favorise une nouvelle compréhension du religieux ; comme un phénomène non pas de nature mythologique, archaïque, mais qui se fonde sur la cohésion interne du logos — de la même manière que l'Évangile a proprement voulu et proclamé la foi.

Mais comme je l'ai dit, la religiosité doit trouver matière à se régénérer dans ce grand contexte, et trouver ainsi de nouvelles formes d'expression et de compréhension. Pour l'homme d'aujourd'hui, il n'est plus si facile de comprendre que le sang versé par le Christ sur la croix est une expiation pour ses péchés. Ce sont des formules, de grandes formules chargées de vérité, mais qui n'ont plus leur place à elles dans toute notre structure de pensée et notre représentation du monde. Il faut les traduire et leur donner une nouvelle portée. Nous devons par exemple de nouveau comprendre que le mal doit faire l'objet d'une véritable étude. On ne peut pas se contenter de le repousser ou de l'oublier. Il doit être étudié et transformé de l'intérieur.

Qu'est-ce que cela veut dire ?
Cela signifie que notre temps appelle véritablement une nouvelle évangélisation ; il faut proclamer un Évangile, avec sa grande rationalité immuable, mais aussi avec le pouvoir qui

est le sien et qui dépasse la rationalité, afin qu'il reprenne place dans notre pensée et dans notre compréhension.

Quelles que soient les transformations, l'homme reste cependant toujours le même. Il n'y aurait pas tant de croyants si les gens n'avaient pas toujours cette idée au fond de leur cœur : Oui, ce qui est dit dans la religion, c'est ce dont nous avons besoin. La science à elle seule, de la manière dont elle s'isole et prend son autonomie, ne couvre pas la totalité de notre vie. C'est un domaine qui nous apporte de grandes choses, mais pour y parvenir elle a besoin que l'homme reste un homme.

Nous avons bien vu que le progrès a certes fait progresser nos capacités, mais ni notre grandeur ni notre humanité. Nous devons retrouver un équilibre intérieur, et nous avons aussi besoin de grandir intellectuellement : cela, nous le voyons de mieux en mieux, dans les grandes difficultés de notre temps. Même lors des nombreuses rencontres avec les grands chefs d'État, je ressens une puissante conscience du fait que le monde ne peut pas fonctionner sans la force de l'autorité religieuse.

Avant que nous ne parlions des problèmes de l'Église catholique et de l'avenir de l'Église, je voudrais vous demander ce qu'est l'Église, cet « organisme spirituel », comme vous l'avez dit un jour. Vous avez repris dans une homélie un mot de Paul VI, qui, disait-il, aimait l'Église au point de vouloir constamment « la serrer dans ses bras, l'embrasser, l'aimer ». Le pape y expliquait : « J'aimerais au bout du compte la comprendre en toute chose, dans son histoire, dans son projet de salut divin, dans sa destination finale, dans sa complexité. » Paul VI concluait par les mots : « *le corps mystérieux du Christ* ».

Il a ainsi repris ce qu'a développé saint Paul, qui a défini l'Église comme l'incarnation permanente, son organisme vivant. Paul ne la concevait justement pas comme une institution, comme une organisation, mais comme un organisme vivant dans lequel tous agissent ensemble et interagissent, dans la mesure où ils sont unis par le Christ. C'est une image, mais une image qui va en profondeur et qui est très réaliste, notamment parce que dans l'eucharistie, nous croyons recevoir réellement le Christ, le Ressuscité. Et si chacun reçoit le même Christ, nous sommes tous bel et bien rassemblés dans ce nouveau corps ressuscité, dans le grand espace d'une nouvelle humanité. Il est important de comprendre cela, et donc de ne pas concevoir l'Église comme un appareil qui doit faire tout ce qui est possible — il faut bien un appareil, mais dans certaines limites —, mais comme un organisme vivant qui découle du Christ lui-même.

Dans de nombreux pays, des associations laïques militent pour l'indépendance à l'égard de Rome et pour une Église spécifique, d'esprit national et démocratique. Le Vatican est alors présenté comme une dictature, le pape comme un homme qui, d'une main autoritaire, impose ses points de vue. Quand on examine la situation plus précisément, on remarque l'accroissement des forces centrifuges plutôt que celle des forces centrales, la rébellion contre Rome plutôt que la solidarité avec Rome. Cette lutte d'orientation, qui dure à présent depuis des décennies, n'a-t-elle pas aussi provoqué depuis très longtemps une sorte de schisme au sein de l'Église catholique ?

Je dirais dans un premier temps que le pape n'a pas le pouvoir d'obtenir quelque chose par la force. Son « pouvoir » relève uniquement d'une conviction qui fait comprendre aux gens que nous dépendons les uns des autres et que le pape est chargé d'une mission dont il ne s'est pas chargé de son propre chef. Seule cette conviction permet à cet ensemble de fonctionner. Seule la conviction de la foi commune permet aussi à l'Église de vivre en communion. Je reçois tant de lettres, aussi bien de gens simples que de personnalités de premier plan, qui me disent : « Nous ne faisons qu'un avec le pape, il est pour nous le vicaire du Christ et le successeur de Saint-Pierre, soyez assurés que nous croyons et que nous vivons en communion avec vous. »

Il existe bien entendu, et cela ne date pas d'hier, des forces centrifuges, une tendance à former des Églises nationales — et certaines sont effectivement apparues. Mais aujourd'hui, justement, dans la société globalisée, dans la nécessité d'une unité interne de la communauté mondiale, on voit bien que ce sont en réalité des anachronismes. Il devient clair qu'une Église ne grandit pas en se singularisant, en se séparant au niveau national, en s'enfermant dans un compartiment culturel bien précis, en lui donnant une portée absolue, mais que l'Église a besoin d'unité, qu'elle a besoin de quelque chose comme la primauté.

J'ai été intéressé en entendant le théologien russe orthodoxe John Meyendorff, qui vit en Amérique, dire que leurs autocéphalies[1] sont leur plus grand problème ; nous aurions besoin, disait-il, d'une sorte de premier, d'un primat. On le dit aussi dans d'autres communautés. Les problèmes de la chrétienté non-catholique, que ce soit sous l'angle théologique ou pragmatique, tiennent en bonne partie au fait quelle n'a pas d'organe assurant son unité. Il est donc clair qu'un organe de ce type est nécessaire, il ne doit pas agir de manière dictatoriale, bien sûr, mais depuis la communion intérieure de la foi. Les tendances centrifuges ne disparaîtront certainement pas, mais l'évolution, la direction générale de l'histoire nous le disent : l'Église a besoin d'un organe pour assurer l'unité.

Dans les décennies précédentes, il n'y a pratiquement pas eu une seule expérience pastorale, dans de nombreux diocèses, à laquelle on ait renoncé dans l'effort mené pour une « modernisation » de l'Église. Si l'on en croit la critique exprimée par le philosophe Rüdiger Safranski, l'Église se serait transformée en un « projet de religion froid », en un « mélange d'éthique sociale, de pensée institutionnelle du pouvoir, de psychothérapie, de technique de méditation, de ser-

---

1. Du grec *autokephal*, autodéterminé ; dans l'Église grecque, cela désigne une Église autonome. Les autocéphalies ont leur propre chef et désignent elles-mêmes leur archevêque/métropolite.

vice muséal, de management culturel et de travail social ». Selon les critiques, en voulant faire comme tous les autres, le peuple chrétien a cessé de comprendre que la foi pousse sur de tout autres racines que sur les sociétés de divertissement occidentales. Mais beaucoup de théologiens et de prêtres se sont aussi, entre-temps, tellement éloignés de la ligne fondamentale qu'il est souvent bien difficile d'y reconnaître un profil catholique.

Qu'est-ce qui n'a pas fonctionné ?

Eh bien ce sont justement les forces de la désagrégation qui agissent dans l'âme humaine. À quoi s'ajoute la volonté de toucher le public ; ou encore celle de trouver une île quelconque, une terre vierge à laquelle nous pourrions donner forme à notre gré. Ensuite, il y a deux possibilités. Ou bien verser dans le moralisme politique, comme cela a été le cas pour la théologie de la libération et d'autres expériences, pour donner en quelque sorte une actualité au christianisme. Ou évoluer vers la psychothérapie et le bien-être, c'est-à-dire vers des formes où la religion est identifiée à une pratique visant à trouver une sorte de bien-être global.

Toutes ces tentatives ont pour cause l'abandon de la racine véritable, la foi. Ce qui reste ensuite — vous l'avez bien décrit à travers vos citations — ce sont des projets que l'on a faits soi-même, qui ont peut-être une valeur existentielle limitée mais ne produisent pas de communion convaincante avec Dieu et ne peuvent pas non plus relier durablement les hommes les uns aux autres. Ce sont des îles sur lesquelles s'installent certaines personnes, et ces îles sont par essence éphémères parce que les modes changent, c'est bien connu.

Dans ce contexte, on est forcé de poser la question : comment est-il possible que dans de nombreux pays occidentaux, tous les écoliers étudient pendant de longues années la religion catholique (et peut-être, à la fin, le bouddhisme), mais sans connaître au bout du compte les caractéristiques fondamentales du catholicisme ? Tout cela se passe sous la responsabilité des diocèses.

C'est une question que je me pose aussi. En Allemagne, chaque enfant suit entre neuf et treize ans d'instruction religieuse. Comment se fait-il que cela laisse aussi peu de traces, pour dire les choses clairement ? C'est incompréhensible. Sur ce point, les évêques doivent effectivement réfléchir sérieusement à la manière dont on peut donner un nouveau cœur, un nouveau visage à la catéchèse.

Dans les médias religieux aussi s'est nichée une « culture du doute » que l'on considère aujourd'hui comme « chic ». Des rédactions entières reprennent ainsi, sans esprit critique, les slogans issus de la critique ordinaire de l'Église. Des évêques suivent leurs conseillers médias, qui leur recommandent de faire profil bas pour préserver leur image libérale. Si, en plus, de grands groupes médiatiques appartenant à l'Église évacuent les livres religieux de leur catalogue principal... N'est-il pas alors problématique de vouloir encore parler, de manière crédible, de la nouvelle évangélisation ?

Ce sont autant de phénomènes que l'on ne peut observer qu'avec tristesse. Qu'il y ait en quelque sorte des catholiques professionnels qui vivent de leur confession catholique mais chez qui la source de la foi n'agit manifestement plus que faiblement, goutte à goutte... Nous devons vraiment faire en sorte que cela change. J'observe en Italie — où les entreprises religieuses institutionnelles sont beaucoup moins nombreuses — que l'on prend des initiatives non pas parce que l'Église organise quelque chose en tant qu'institution, mais parce que les gens sont croyants. Les mouvements spontanés ne naissent pas d'une institution, mais d'une foi authentique.

L'Église doit toujours aussi rester en mouvement, elle est constamment « en chemin ». Le pape ne se demande-t-il pas également si, dans bien des cas, il n'a pas tort de chercher à retenir ces phénomènes irrésistibles parce qu'ils correspondent tout simplement au processus nécessaire de la civilisation, auquel l'Église ne peut pas se refuser ?

Il faut bien entendu toujours demander ce qui, même parmi les choses qui ont passé jadis pour essentiellement chrétiennes, n'était en réalité que l'expression d'une époque déterminée. En un mot : quel est réellement l'essentiel ? Cela signifie qu'il faut toujours revenir de nouveau à l'Évangile et aux mots de la foi, pour vérifier, primo, ce qui en fait partie, secundo, ce qui change légitimement au fil du temps, et tertio, ce qui n'en fait pas partie. Le point décisif, au bout du compte, c'est donc toujours d'opérer la bonne distinction.

14

Le prétendu blocage des réformes

Célibat, ordination des femmes, homosexualité : depuis des décennies, cet ensemble de questions, toujours les mêmes, domine les débats dans les médias. On dit que l'Église ne pourra de nouveau séduire que le jour où l'on aura apporté une réponse positive à ces problèmes. Ce qui est remarquable, c'est qu'en Allemagne, l'Église protestante, qui n'impose pas le célibat et autorise les femmes à être prêtre, perd plus de fidèles que les catholiques. Mais ce qui est vrai, aussi, c'est que ces positions compliquent l'annonce. Passons rapidement quelques points en revue.

Les catholiques qui se remarient après un divorce ne peuvent recevoir la communion. Vous avez estimé un jour qu'il fallait « mener une réflexion plus intense » sur cette règle.

Bien sûr, il faut le faire. Il y a d'un côté la certitude que le Seigneur nous dit : le mariage noué dans la foi ne peut pas être dénoué. Cette parole, nous ne pouvons pas la manipuler. Nous devons la conserver comme telle — même si elle s'oppose aux formes de vie aujourd'hui dominantes. Il y a eu des époques où l'élément chrétien avait une telle actualité que l'indissolubilité du mariage était la norme ; mais elle ne l'est pas dans de nombreuses civilisations. Des évêques de pays du Tiers-monde ne cessent de me dire : « Le sacrement du mariage est le plus difficile de tous. » Ou encore : « Chez nous, nous en sommes encore loin. »

Harmoniser ce sacrement avec les modes traditionnels de la vie en communauté est un processus qui met en jeu toute l'existence, et une lutte dont l'issue ne peut pas être obtenue par la force. Dans cette mesure, ce que nous vivons aujourd'hui dans une société occidentale en décomposition progressive n'est pas le seul point de crise en la matière. Mais abandonner pour autant le mariage monogame ou le combat pour cette forme de vie serait aller à l'encontre de l'Évangile.

Le Créateur a fait les humains hommes et femmes, dit Jésus, et ce que Dieu a noué, l'homme ne doit pas le défaire. Mais les premiers disciples rechignaient déjà à propos de ce commandement.

Oui. Ce qu'on peut faire, c'est, d'une part, examiner plus attentivement la question de la validité des mariages. Jusqu'ici, le droit canonique supposait qu'une personne qui se mariait le faisait en connaissance de cause, en sachant ce qu'est le mariage. Quand cette connaissance est effective, le mariage est valide et indissoluble. Dans la confusion actuelle des opinions, dans ce contexte totalement inédit, ce que l'on « sait », c'est plutôt qu'il est normal de rompre le mariage. On doit donc se demander comment on peut en reconnaître encore la validité et dans quels cas des guérisons sont possibles.

Cela restera toujours une lutte. Mais pour autant, cesser de brandir la norme et baisser les bras n'élèverait pas le niveau moral de la société. Garder comme critère ce qui est difficile, ce à quoi les hommes peuvent toujours se mesurer de nouveau, voilà une mission qu'il faut remplir si l'on veut éviter de nouvelles chutes.

Cela provoque une certaine tension intérieure. La direction spirituelle doit alors chercher comment elle peut rester proche des individus et les aider, y compris dans leur situation, disons, irrégulière, à croire au Sauveur, à croire en Sa bonté, parce qu'il est toujours là pour eux, même s'ils ne peuvent recevoir la communion. Et à rester dans l'Église, même si leur situation n'est pas conforme au regard du droit canonique. Elle doit aider à reconnaître ceci : je ne suis certes pas à la hauteur de ce que je devrais être en tant que chrétien, mais je ne cesse pas d'être un chrétien, d'être aimé par le Christ, et je reste d'autant plus dans l'Église que je suis porté par Lui.

En 1968, Paul VI a fait de la contraception le sujet de sa fameuse encyclique Humanae vitae. Il soulignait à l'époque qu'une intervention de l'homme dans l'ordre naturel aurait des conséquences fatidiques. La vie était trop grande, disait-il, elle était trop sacrée pour que nous puissions y semer notre désordre. Comme s'il avait voulu dire : si nous ne respectons pas la vie des enfants, nous nous perdrons aussi, nous-mêmes, notre société, notre monde.

On n'était peut-être pas encore en état de comprendre cette vision à l'époque. Aujourd'hui, non seulement nous découvrons les effets immensément nocifs de la pilule contraceptive sur la santé et l'environnement, mais nous voyons aussi nos systèmes sociaux se briser parce que nous sommes devenus une société sans enfants et qui perd ses fondements. Et pourtant l'Église catholique ne parvient pratiquement plus à faire comprendre son éthique sexuelle. Un top-modèle brésilien estime par exemple qu'aujourd'hui, presque aucune femme n'arrive plus vierge au mariage. Un évêque coadjuteur émérite critique le fait qu'aux questions liées à la sexualité avant le mariage, on apporte des réponses telles « qu'elles sont pratiquement invivables pour les gens, qui du coup les vivent sans doute effectivement d'une autre manière ».

C'est un vaste problème. Nous ne pouvons pas entrer ici dans toute sa diversité et tous ses détails. Dans ce domaine, il est vrai, beaucoup doit être repensé et dit d'une autre manière. Mais d'un autre côté, face à ce qu'affirme ce top-modèle et ce que pensent aussi beaucoup d'autres personnes, je voudrais affirmer que les statistiques ne peuvent pas être la norme de la morale. Il est déjà suffisamment grave que les enquêtes d'opinion deviennent la norme des décisions politiques, et qu'on regarde toujours autour de soi pour savoir où trouver le plus de partisans au lieu de poser la question : « Qu'est-ce qui est juste ? » Les résultats des sondages sur nos attitudes et notre manière de vivre ne constituent donc pas en soi la norme du vrai et du juste.

Sous l'angle prophétique, Paul VI a eu raison. Il était convaincu que la société se prive elle-même de ses grands espoirs en tuant des êtres humains par avortement. Combien d'enfants tue-t-on qui auraient pu devenir un jour des génies, qui auraient pu apporter du neuf à l'humanité, nous offrir un nouveau Mozart, nous apporter de nouvelles découvertes dans le domaine technique ? Il faut imaginer, pour une fois, quelle capacité d'humanité on détruit ici, et sans parler du fait que les enfants à naître sont des personnes humaines dont nous devons respecter la dignité et le droit à la vie.

Quant à la pilule contraceptive, c'est encore un autre problème.
Oui. Ce que voulait dire Paul VI, et qui est toujours exact comme vision générale c'est : en instaurant une séparation radicale entre sexualité et fécondité, ce qui est fait en utilisant la pilule, alors la sexualité devient arbitraire. Et dans ce cas, tous les types de sexualité ont la même valeur. On a pu croire alors que nous pouvions concevoir rationnellement des enfants, et qu'il ne s'agissait pas simplement d'un don de la nature. Conviction qui est alors très rapidement suivie par l'idée que l'homosexualité a la même valeur que l'hétérosexualité.

Les perspectives dessinées dans *Humanae vitae* demeurent justes. Mais trouver des chemins permettant de les vivre aujourd'hui est une autre affaire. Je crois qu'il y aura toujours des noyaux de personnes qui s'en laisseront convaincre et combler, et qui entraîneront l'adhésion d'autres personnes dans leur sillage. Nous sommes des pécheurs. Et le fait que les modes de vie dominants ne suivent pas cette morale ne doit pas nous donner l'illusion d'une instance d'autorité supérieure à la vérité. Nous devons tenter de faire autant de bonnes choses que possible pour nous soutenir et nous supporter mutuellement. Exprimer tout cela aussi sur le plan pastoral, théologique et intellectuel, dans le contexte de la recherche actuelle sur la sexualité et l'anthropologie, de telle manière que cela soit compréhensible : voilà une grande mission à laquelle on travaille et à laquelle il faut encore travailler plus et mieux.

Ces idées ont au moins été défendues par l'ancienne star de Hollywood et sex-symbol qu'est Raquel Welch. La comédienne américaine dit aujourd'hui que l'introduction de la pilule contraceptive, il y a cinquante ans, a débouché sur une pratique sexuelle sans responsabilité, qui affaiblit le couple et la famille pour aboutir à des « situation chaotiques ».

L'Église catholique refuse-t-elle toute régulation des naissances ?

Non. On sait bien qu'elle approuve la régulation naturelle des naissances, qui n'est pas seulement une méthode, mais un chemin. Car elle suppose que l'on ait du temps les uns pour les autres. Que l'on vive dans une relation durable. Et c'est quelque chose de fondamentalement différent si, sans avoir de relation intime avec une autre personne, je prends la pilule afin de m'adonner rapidement à la première relation venue.

Le fait que seuls les catholiques sont autorisés à participer à l'eucharistie est ressenti comme une exclusion et même, parfois, comme une discrimination. On ne peut pas parler, dit-on, d'une unité des chrétiens si l'on n'est même pas disposé à célébrer ensemble, devant l'autel, le legs que nous a laissé Jésus. Que dit le pape à ce propos ?

L'Église catholique n'est pas seule dans ce cas. Toute l'orthodoxie mondiale enseigne que seul celui qui appartient entièrement à l'Église, dans la foi, peut recevoir l'eucharistie. Que ce soit dans le Nouveau Testament ou chez les Pères apostoliques, il est parfaitement clair que l'Eucharistie est l'acte le plus intime de l'Église : la vie dans le corps du Christ au sein de la communauté unie. C'est la raison pour laquelle l'eucharistie n'est pas un quelconque rite social où l'on se rencontre aimablement, mais l'expression de l'Être au cœur de l'Église. Elle ne peut donc pas être exonérée de cette condition d'appartenance, tout simplement parce qu'elle est elle-même l'acte d'appartenance lui-même.

On rend toujours le célibat responsable de tout, qu'il s'agisse des abus sexuels, du manque de prêtres, ou de quitter l'Église. Sur ce dernier point, voilà ce qu'on pourrait peut-être dire : si on rapporte leur nombre à celui des personnes qui vont à la messe, il n'y a pas moins de prêtres aujourd'hui, mais plus. En

Allemagne, en tout cas, si l'on se réfère à l'année 1960, le nombre des prêtres a tout simplement doublé par rapport au nombre de catholiques qui pratiquent encore à l'heure actuelle. Il n'empêche que même les évêques recommandent actuellement de déployer « plus d'imagination et un peu plus de générosité » pour « ouvrir, à côté de la forme de base, celle du prêtre célibataire, la possibilité d'un service sacerdotal accompli par une personne mariée. »

Que les évêques y réfléchissent dans notre époque troublée, je peux bien le comprendre. Mais ensuite, il est difficile de dire à quoi pourrait ressembler cette coexistence de deux systèmes. Je crois que le célibat gagnera en signification, et surtout en vitalité, si des communautés de prêtres se forment. Il est important que les prêtres ne vivent pas isolés, qu'ils soient ensemble au sein de petites communautés, qu'ils se soutiennent les uns les autres, qu'ils découvrent ainsi la communauté qu'ils forment dans leur action au service du Christ et dans leur renoncement au profit du Royaume céleste — et que cette conscience leur soit redonnée régulièrement.

Le célibat est toujours, disons, une forme d'agression contre les idées naturelles de l'homme ; quelque chose qui n'est réalisable et crédible que si Dieu existe et si je m'engage ainsi en faveur du Royaume de Dieu. Dans cette mesure, le célibat est un signe d'une nature particulière. Le scandale qu'il déclenche tient précisément à ce qu'il montre : il y a des gens qui croient cela. Dans cette mesure, ce scandale a aussi son côté positif.

L'impossibilité de l'ordination des femmes dans l'Église catholique a été clairement tranchée par un « Non possumus » du magistère suprême. La Congrégation pour la Doctrine de la Foi l'a fixée sous l'égide de Paul VI dans le document Inter insigniores de 1976, Jean-Paul II l'a confirmée dans la lettre apostolique Ordinatio Sacerdotalis de 1994. Il y déclare littéralement, « en vertu de ma mission de confirmer mes frères », à propos de « la constitution divine de l'Église », « que l'Église n'a en aucune manière le pouvoir de conférer l'ordination sacerdotale à des femmes et que cette position doit être définitivement tenue par tous les fidèles de l'Église ».

Les critiques y voient une discrimination. Selon eux, si Jésus n'a pas donné de fonctions de prêtresses à des femmes, c'est uniquement parce que cela aurait été impensable il y a deux mille ans.

C'est une absurdité : à l'époque, le monde était rempli de prêtresses. Toutes les religions avaient les leurs, et il était plutôt étonnant qu'il n'y en ait pas dans la communauté de Jésus Christ, ce qui, cela dit, est dans la lignée de la foi d'Israël.

La formulation utilisée par Jean-Paul II est très importante : l'Église n'a « en aucune manière le pouvoir » d'ordonner des femmes. Nous ne disons pas : nous ne voulons pas, mais : nous ne pouvons pas. Le Seigneur a donné à l'Église une forme, avec les Douze Apôtres puis, à leur suite, les évêques et les presbytres, les prêtres. Ce n'est pas nous qui avons donné cette forme à l'Église : c'est Lui, et elle est constitutive. S'y conformer est un acte d'obéissance, une obéissance peut-être laborieuse dans la situation actuelle. Mais c'est précisément l'important : que l'Église montre que nous ne sommes pas un régime arbitraire.

Nous ne pouvons pas faire ce que nous voulons. Il y a au contraire une volonté du Seigneur à notre égard, à laquelle nous devons nous tenir, même si c'est laborieux et difficile dans cette culture et cette civilisation.

Par ailleurs, les femmes occupent tant de grandes fonctions significatives dans l'Église que l'on ne peut pas parler de discrimination. Ce serait le cas si la prêtrise était une sorte de pouvoir, mais en réalité elle doit être entièrement consacrée au service. Quand on étudie l'histoire de l'Église, le rôle des femmes, de Marie à Mère Teresa en passant par Monique, est tellement éminent qu'à maints égards, les femmes ont plus marqué l'image de l'Église que les hommes. Pensons seulement aux grandes célébrations catholiques comme la Fête-Dieu ou le dimanche de la Miséricorde, qui sont toutes associées à des femmes. Il y a aussi à Rome, par exemple, une église où l'on ne voit aucun homme, pas un seul, sur aucune des peintures d'autel.

L'homosexualité pratiquée passe aujourd'hui en Occident pour une forme de vie largement reconnue. Les modernes estiment même que son acceptation est un critère du degré de progrès d'une société. Dans le Catéchisme de l'Église catholique, dont vous avez assumé la responsabilité en tant que préfet de la Congrégation pour la doctrine de la foi, on peut lire : « Un nombre non négligeable d'hommes et de femmes présente des tendances homosexuelles foncières. […] Ils doivent être accueillis avec respect, compassion et délicatesse. On évitera à leur égard toute marque de discrimination injuste. Ces personnes sont appelées à réaliser la volonté de Dieu dans leur vie [...]¹. »

Mais dans le même catéchisme, on peut aussi lire : « S'appuyant sur la Sainte Écriture, qui les présente comme des dépravations graves, la Tradition a toujours déclaré que les actes d'homosexualité sont intrinsèquement désordonnés². » *N'y a-t-il pas dans cette phrase une certaine contradiction avec le respect pour les homosexuels exprimé dans celle que j'ai d'abord citée ?*

Non. Le premier point, c'est qu'il s'agit de personnes humaines avec leurs problèmes et leurs joies, qu'en tant qu'êtres humains ils méritent le respect, même s'ils portent cette tendance en eux, et qu'ils ne doivent pas être rejetés à cause de cela. Le respect de l'être humain est tout à fait fondamental et décisif.

Mais dans le même temps, la signification interne de la sexualité n'est pas la même. On pourrait dire, si l'on veut s'exprimer ainsi, que l'évolution a produit la sexualité pour permettre la reproduction de l'espèce. Cela vaut aussi du point de vue théologique. Le sens de la sexualité est de guider l'homme et la femme l'un vers l'autre et de donner ainsi à l'humanité une descendance, des enfants, un avenir. C'est sa détermination interne, sa nature. Toute autre représentation s'oppose au sens interne de la sexualité. C'est à cela que nous devons nous tenir, même si ça n'est pas dans l'air du temps.

---

1. § 2358. (*N.d.T.*)
2. § 2357. (*N.d.T.*)

Il s'agit de la vérité intérieure de ce que signifie la sexualité dans la construction de l'être humain. Si quelqu'un a des tendances homosexuelles profondes — on ignore à ce jour si elles sont vraiment innées ou si elles apparaissent dans la petite enfance —, en tout cas, si ces tendances tiennent cette personne en leur pouvoir, c'est pour elle une grande épreuve, à l'instar des autres épreuves auxquelles un être humain peut être confronté. Mais cela ne signifie pas que l'homosexualité soit juste pour autant. Elle reste quelque chose qui s'oppose à l'essence même de ce que Dieu a voulu à l'origine.

Ce n'est pas un secret : il y a aussi des homosexuels parmi les prêtres et les moines. Tout récemment, à Rome, un scandale autour de passions homosexuelles entre des prêtres a provoqué un grand émoi.

L'homosexualité n'est pas conciliable avec la vocation de prêtre. Car dans ce cas, le célibat, comme renoncement, n'a pas de sens non plus. On courrait un grand risque si le célibat devenait en quelque sorte un prétexte pour faire entrer dans la prêtrise des gens qui ne peuvent de toute façon pas se marier, parce qu'au bout du compte leur situation à l'égard de l'homme et de la femme est d'une certaine manière transformée, perturbée, et qu'en tout cas elle ne se situe pas dans ce courant de la création dont nous avons parlé.

Il y a quelques années, la Congrégation pour l'éducation catholique a publié un décret affirmant que les candidats homosexuels ne peuvent pas devenir prêtres parce que leur orientation sexuelle les éloigne du véritable rôle de père, du cœur même de la prêtrise. La sélection des candidats à la prêtrise doit donc être très attentive. Il faut y apporter la plus grande attention pour éviter que s'instaure une confusion de ce type et qu'au bout du compte le célibat des prêtres soit pour ainsi dire assimilé à la tendance à l'homosexualité.

Il ne fait pourtant aucun doute que dans les monastères, parmi les religieux, il existe une homosexualité qui n'est peut-être pas vécue et donc justement pas pratiquée.

Cela aussi fait partie des difficultés de l'Église. Et les personnes concernées doivent au moins essayer de ne pas céder à cette tendance activement afin de rester fidèles à la mission inhérente à leur ministère.

L'Église catholique se considère comme le lieu de la révélation unique de Dieu. En elle s'exprime le message de Dieu, qui élève l'homme à sa plus haute dignité, bonté et beauté. Mais voilà : aujourd'hui, notamment compte tenu du nombre de ceux qui entrent en quelque sorte en concurrence sur ce terrain, il est de plus en plus difficile de faire passer cette idée. Vous-même, à Lisbonne, vous avez parlé, lors d'une rencontre avec des artistes, dans le cadre du « Dialogue avec le monde », d'une « coexistence » des vérités.

Dire que le Christ est le fils de Dieu et qu'en lui s'exprime toute l'actualité de la vérité sur Dieu, c'est une chose. Que des vérités de natures diverses soient aussi présentes dans d'autres religions, que celles-ci constituent en quelque sorte aussi un mouvement intérieur vers lui, c'est une autre affaire. Dire que Dieu est présent dans le Christ et qu'ainsi, le vrai Dieu nous apparaît et nous parle en personne, n'exclut pas qu'il y ait aussi des vérités dans les autres religions — mais justement, des vérités qui renvoient en quelque sorte à la vérité. Dans ce sens, le dialogue dans lequel cette référence doit devenir apparente est une conséquence intérieure de la situation de l'humanité.

15

Comment avance la rénovation ?

Saint-Père, personne ne contestera la nécessité d'une purification et d'une rénovation de l'Église, surtout pas après les tout récents scandales d'abus sexuels. La seule question est de savoir ce qu'est la rénovation réelle, la bonne rénovation.

Vous l'avez exprimé en termes très forts : le destin de la foi et de l'Église ne se décide nulle part ailleurs que « dans le contexte de la liturgie ». En tant que personne extérieure, on pourrait se dire : savoir quels mots sont prononcés au cours d'une messe, quelle attitude on doit avoir, quels actes sont accomplis, tout cela est une question plutôt secondaire ?

L'Église est visible pour les hommes par beaucoup de biais, dans la *Caritas*, dans les projets de mission, mais le lieu où on l'éprouve le plus souvent comme une Église est la liturgie. Et c'est bien comme cela. Après tout, le sens de l'Église c'est de nous tourner vers Dieu et de laisser entrer Dieu dans le monde. La liturgie est l'acte dans lequel nous croyons qu'*Il* entre et que nous le touchons. Elle est l'acte dans lequel se produit le singulier : nous entrons en contact avec lui — et nous sommes éclairés par lui.

Nous recevons ici directive et force sous une double forme : d'une part dans la mesure où nous entendons sa Parole, si bien que nous l'entendons réellement parler et que nous recevons ses directives. D'autre part, dans la mesure où il s'offre lui-même à nous dans le pain devenu son Corps. Bien sûr, les mots peuvent toujours être différents, les gestes peuvent aussi ne pas être les mêmes. Dans l'Église orientale, par exemple, quelques gestes ne sont pas les nôtres. En Inde, certains des gestes que nous utilisons ont une autre signification. Ce qui compte vraiment, c'est que la Parole de Dieu et la réalité du sacrement soient véritablement au centre ; que Dieu ne se résume pas à des paroles ressassées, et que la liturgie ne devienne pas une simple présentation d'elle-même.

La liturgie est par conséquent quelque chose de donné à l'avance ?
Oui. Ce n'est pas nous qui faisons quelque chose, ce n'est pas nous qui montrons notre créativité, c'est-à-dire tout ce que nous pouvons faire avec. La liturgie n'est justement pas un show, un théâtre, un spectacle : c'est l'Autre qui lui donne vie. Il faut aussi que ce soit clair. C'est la raison pour laquelle le caractère donné de la forme religieuse est tellement important. Cette forme peut être revue dans le détail, mais elle ne peut pas être produite à chaque fois par la communauté. Comme je l'ai dit, il ne s'agit pas de se produire soi-même. Il

s'agit de sortir de soi et d'aller au-delà de soi-même, de se donner à Lui et de se laisser toucher par Lui.

Dans ce sens, ce n'est pas seulement l'expression, mais aussi le caractère communautaire de cette forme qui est important. Elle peut être différente selon les rites, mais elle doit toujours avoir ce qui nous précède depuis la totalité de la foi de l'Église, la totalité de sa tradition, la totalité de sa vie, et pas seulement ce qui vient de la mode du moment.

Cela signifie-t-il que l'on est condamné à la passivité ?
Non. Car cette approche est justement pour nous une provocation à nous laisser arracher à nous-mêmes, à la pure situation de l'instant ; à nous adonner à la totalité de la foi, à la comprendre, à y prendre part et à donner à la messe une forme digne d'elle, celle qui la rendra belle et en fera une joie. C'est un phénomène que l'on a tout particulièrement connu en Bavière, par exemple avec la grande floraison de la musique religieuse et la joie exubérante du rococo bavarois. Il est important que l'on donne aussi une belle forme à cet ensemble, mais toujours au service de ce qui nous précède, et non comme quelque chose que nous aurions à inventer.

Pour ce qui concerne la sainteté de l'eucharistie, vous avez déclaré qu'il n'y a aucune marge de manœuvre. Qu'elle est la charnière et le pivot de toute rénovation. Que les transformations spirituelles ne pouvaient se faire qu'en se fondant sur son esprit

S'il est vrai, comme nous le croyons, que le Christ est réellement présent dans l'eucharistie, il s'agit tout simplement de l'événement central. Pas seulement l'événement d'une seule journée, mais celui de l'histoire du monde dans son ensemble, en tant que force décisive d'où peuvent ensuite venir des transformations. L'important, c'est que, dans l'eucharistie, la Parole et la Présence du Seigneur dans les signes ne font qu'un. Que nous recevons aussi l'événement sous forme de mots. Que nous y répondons dans notre prière, et que de cette manière la progression de Dieu et notre progression avec Lui, la manière dont nous nous laissons transformer, se font écho afin que se produise cette transformation de l'homme qui est la principale condition de toute transformation positive du monde.

Si nous voulons que quelque chose aille de l'avant dans le monde, nous ne pouvons y parvenir qu'en nous fondant sur la norme de Dieu, qui nous parvient sous forme de la réalité. Dans l'eucharistie, les gens peuvent être façonnés de telle sorte qu'il advienne quelque chose de nouveau. C'est la raison pour laquelle les grands personnages qui ont accompli de véritables révolutions du Bien tout au long de l'histoire sont les saints qui, touchés par le Christ, ont lancé de nouvelles impulsions dans le monde.

Le document conciliaire Lumen Gentium *qualifie la participation dominicale à l'eucharistie de « source et sommet de toute la vie chrétienne ». Le Christ dit : « Je vous le dis, si vous ne mangez la chair du Fils de l'homme, et si vous ne buvez son sang, vous n'avez point la vie* en vous-mêmes[1]. » *Le Christ dit : « Celui qui mange ma chair et boit mon sang aura la vie éternelle. »*

Vous avez, comme pape, commencé à administrer la communion aux croyants directement par la bouche, en position agenouillée. Considérez-vous que ce soit l'attitude la plus adaptée ?

Il faut d'abord dire une chose : il est important que le temps ait une structure commune pour tous les croyants. L'Ancien Testament en donne le modèle dès le récit de la Genèse, en présentant le Septième jour comme celui où Dieu se repose et où les hommes se reposent avec lui. Pour les chrétiens, cette structure temporelle part du dimanche, le jour de la Résurrection, celui où Il nous rencontre et où nous Le rencontrons. Ici encore, l'acte principal est en quelque sorte le moment d'union où Il se donne à nous.

Je ne suis pas fondamentalement opposé à la communion dans la main, je l'ai moi-même aussi donnée et reçue ainsi. Mais en faisant recevoir la communion à genoux, administrée dans la bouche, je voulais donner un signe de respect, marquer la présence réelle d'une sorte de point d'exclamation. Notamment parce que dans des manifestations de masse telles que nous en avons à Saint-Pierre et sur la place Saint-Pierre, le risque de banalisation est considérable. J'ai entendu parler de gens qui mettent l'hostie dans leur portefeuille pour l'emporter avec eux comme un quelconque souvenir de voyage.

---

1. Jn 6,53. (*N.d.T.*)

Dans ce contexte, je voulais émettre un signal clair à l'attention de ceux qui pensent que pour recevoir la communion, il suffit d'être là et de suivre le mouvement. Il faut que ce soit bien compris : ce qui se passe ici n'a rien d'ordinaire ! Il est *ici* et c'est devant *Lui* que l'on s'agenouille. Prenez garde ! Ce n'est pas un quelconque rituel social auquel nous pourrions, à notre gré, participer ou ne pas participer.

Marie est la mère de Dieu. D'une certaine manière, c'est elle qui met Dieu au monde. Cela ne montre-t-il pas, au sens figuré, ce que devraient être tous les chrétiens : des gens qui mettent Dieu au monde ?

Jadis, lorsqu'on lui a dit : « Voici que ta mère et tes frères et tes sœurs sont là dehors qui te cherchent », notre Seigneur a répondu en désignant les gens autour de lui et en disant : « Voici ma mère et mes frères. Quiconque fait la volonté de Dieu, celui-là est mon frère et ma sœur et ma mère[1]. » Il nous transmettait également ainsi la mission de la maternité, consistant en quelque sorte à permettre de nouveau la naissance de Dieu en ce temps-là. Pour les Pères de l'Église, la naissance de Dieu était l'un des grands sujets. Ils disaient qu'elle s'était produite une fois à Bethléem, mais qu'elle doit forcément se reproduire à chaque génération, et que chaque chrétien est appelé à y participer.

---

1. Mc 3,32-35. (*N.d.T.*)

Le rôle de Jésus dans la libération des femmes, qui étaient en bonne partie exclues de l'accès à la religion, à Dieu, à la société, ne mérite-t-il pas qu'on lui accorde la même valeur qu'à l'ouverture aux païens de la Révélation de Dieu ?

Ce qui est exact, c'est que Jésus a pris les femmes auprès de lui, ce qui était jusqu'alors pratiquement inconcevable, qu'après la Résurrection il a fait d'une femme son premier témoin, que les femmes ont donc été accueillies dans le cercle le plus intime de ses amis, et qu'il donnait ainsi un nouveau signal.

Dans la perspective d'une comparaison entre les religions, je serais prudent avant de dire tout de suite que quelque chose d'explosif apparaît ici. C'est une ouverture qui se fait lentement. Mais comme vous l'avez dit, il est important que Jésus ait ouvert une toute nouvelle position aux femmes, d'une part en faisant de sa mère, sur la croix, la Mère des chrétiens, d'autre part en accordant à une femme sa première apparition après sa résurrection.

En Occident, l'Église romaine connaît, y compris du point de vue quantitatif, un bouleversement sans précédent. Dans les dix années qui viennent, en Allemagne, par exemple, un tiers des membres actuels de l'Église, des prêtres et des membres des congrégations vont mourir. Quatre-vingts pour cent environ des quelque vingt-quatre mille femmes que comptent aujourd'hui les ordres religieux ont aujourd'hui plus de 65 ans. La pyramide des âges est analogue chez les moines et chez les prêtres. Il faut fermer des Églises, regrouper des paroisses. Les éléments de « l'Église de la multitude » vont continuer à fondre.

Vous avez personnellement indiqué dès 1971 que l'Église allait « devenir petite, puis redémarrer tout au début », qu'elle ne pourrait plus remplir un grand nombre des édifices construits dans ses grandes heures, et qu'avec le nombre de ses adeptes, elle perdrait aussi beaucoup de ses privilèges dans la société. L'Église actuelle de la multitude, disent certains, ne correspond plus aujourd'hui qu'à une « administration de l'incroyance factuelle ». Pourtant, avez-vous estimé, l'Église ne peut pas prendre le succès extérieur comme critère. Car s'il s'agit avant tout de la quantité des croyants, ce n'est pas le fond qui est important, mais le simple fait d'être du lot.

Le temps de l'Église de la multitude touche-t-il à sa fin ?

Si l'on regarde la situation dans le monde, la situation est très variable. Dans de nombreuses parties du monde, il n'y a jamais eu d'Église de la multitude. Au Japon, les chrétiens sont une petite minorité. En Corée, ils sont une force vive qui s'étend et exerce aussi une influence sur la réflexion publique, mais pas une Église de la multitude. Aux Philippines, ils sont une Église, et aujourd'hui un Filipino est tout simplement catholique — avec joie et exaltation. En Inde, les chrétiens sont une minorité marginale, quoique socialement significative, dont les droits sont un objet de discussion au sein d'une société qui reconnaît son identité dans l'hindouisme.

Je l'ai dit, la situation varie beaucoup en fonction des pays. Ce qui est vrai, c'est que dans le monde occidental l'identification du peuple et de l'Église est en train de s'étioler. Dans l'est de l'Allemagne par exemple, ce processus a beaucoup avancé. Les non-baptisés y sont déjà en majorité. Le nombre des chrétiens est ainsi en recul dans de larges fractions du monde occidental. Cela dit, il y a toujours une identité culturelle définie à partir du christianisme et revendiquée comme telle. Je me rappelle un homme politique français qui a dit de lui-même : « Je suis un protestant athée[1]. » Cela signifie : je suis certes athée, mais je me sais culturellement enraciné dans le protestantisme.

Cela complique les choses.
Oui, car dans le climat général culturel de beaucoup de pays occidentaux, l'origine chrétienne est encore un élément présent. Mais nous nous dirigeons de plus en plus vers un christianisme de choix. Et c'est de lui que dépend la force générale de l'empreinte chrétienne. Je dirais qu'il faut aujourd'hui d'une part consolider, animer et étendre le christianisme de choix de telle sorte qu'un nombre plus important de personnes vivent et professent de nouveau consciemment leur foi. D'autre part, nous devons reconnaître que nous ne sommes pas simplement identiques à la culture et à la nation en tant que telles — mais que nous avons tout de même la force de leur imprimer des valeurs, de les leur donner comme des modèles qu'elles acceptent, même si la majorité ne sont pas des chrétiens croyants.

---

1. Il s'agit de Lionel Jospin, en décembre 1999. (*N.d.T.*)

16

Marie et le message de Fatima

Contrairement à votre prédécesseur, vous êtes considéré comme un théologien tourné vers Jésus plutôt que vers Marie. Mais un mois déjà après votre élection, vous avez appelé les fidèles, sur la place Saint-Pierre, à se confier à la Vierge de Fatima. Lors de votre visite à Fatima, en mai 2010, vous avez prononcé des mots spectaculaires : Ce qui s'est passé quatre-vingt-treize ans plus tôt, avez-vous dit, lorsque le ciel s'est ouvert au-dessus du Portugal, doit être considéré « comme une fenêtre d'espoir » que Dieu ouvre « lorsque l'homme lui ferme la porte ». Et c'est précisément le pape que le monde connaît comme un défenseur de la raison qui dit à présent : « La Vierge Marie est venue du ciel pour nous rappeler les vérités de l'Évangile. »

Il est exact que j'ai grandi avec une piété avant tout christocentrique, telle qu'elle s'était développée dans l'entre-deux-guerres, avec ce nouveau mouvement d'intérêt pour la Bible, pour les Pères ; avec une piété qui était consciemment et fortement nourrie par la Bible et, précisément, centrée sur le Christ. Mais la mère de Dieu, la mère du Seigneur, continue bien entendu à être présente. Elle apparaît dans la Bible, chez Luc et chez Jean, elle le fait à un moment tardif mais avec une grande clarté, et dans cette mesure elle a toujours eu sa place dans la vie chrétienne. Dans les Églises orientales, elle a pris très tôt une importance essentielle — pensez par exemple, au concile d'Éphèse, en l'an 431. Et Dieu n'a cessé de l'utiliser, au fil de l'histoire, comme la lumière qui lui permet de nous mener à Lui.

En Amérique Latine, par exemple, le Mexique est devenu chrétien au moment où s'était montrée la Vierge de Guadalupe. À cet instant, les gens ont compris : oui, cela est notre foi. Là, nous allons vraiment arriver à Dieu ; la Mère nous Le montre. En elle, toute la richesse de nos religions est transformée et élevée. Au bout du compte, ce sont deux figures qui ont rendu croyants les gens en Amérique Latine : la Vierge, d'une part, le Dieu qui souffre, d'autre part — et qui souffre aussi face à toute la violence qu'ils ont eux-mêmes subie.

On est donc forcé de dire qu'il existe une histoire au sein de la foi. Le cardinal Newman l'a bien montré. La foi se déploie. Et dans ce déploiement, on trouve justement l'intervention de plus en plus forte de la mère de Dieu dans le monde, comme une indication sur le chemin à suivre, une lumière de Dieu, une mère à travers laquelle nous pouvons reconnaître le fils et le père. Dieu nous a ainsi donné des signes — notamment au XXe siècle. Dans notre rationalisme, et face au pouvoir des dictatures montantes, il nous montre l'humilité de la mère qui apparaît à de petits enfants et leur dit l'essentiel : foi, espoir, amour, expiation.

Je comprends donc aussi que les gens trouvent en elle, pour ainsi dire, quelque chose comme des fenêtres. J'ai vu, à Fatima, des centaines de milliers de personnes présentes retrouver la vision de Dieu à travers ce que Marie a dit à de petits enfants, dans ce monde où les murs et les fermetures sont si nombreux.

Le fameux « troisième secret de Fatima » n'a été rendu public qu'en l'an 2000 — par le cardinal Joseph Ratzinger, à la demande de Jean-Paul II. Le texte parle d'un évêque vêtu de blanc qui s'effondre sous les balles des soldats — une scène que l'on a interprétée comme un présage de l'attentat contre Jean-Paul II. Vous avez alors déclaré : « Celui qui croit que la mission prophétique de Fatima est achevée se trompe. » Que veut-il dire par là ? L'accomplissement du message de Fatima est-il en réalité encore à venir ?

Dans le message de Fatima, il faut dissocier deux choses : d'une part, un événement déterminé, représenté dans des formes visionnaires, d'autre part la légende fondamentale dont il est question ici. Il ne s'agissait tout de même pas de satisfaire une curiosité. Dans ce cas, nous aurions dû rendre le texte public beaucoup plus tôt. Non, il s'agit de faire allusion à un point critique, à un instant critique dans l'histoire : tout le pouvoir du mal qui s'est cristallisé, au cours de ce XXe siècle, dans les grandes dictatures et qui agit encore aujourd'hui, d'une autre manière.

Il s'agissait d'autre part de la réponse à ce défi. Cette réponse ne consiste pas en de grandes actions politiques ; elle ne peut en dernier ressort provenir que de la transformation des cœurs — de la foi, de l'espoir, de l'amour et de l'expiation. Dans ce sens, le message n'est justement pas clos, même si les deux grandes dictatures ont disparu. La souffrance de l'Église demeure, la menace qui pèse sur l'homme demeure, l'attente d'une réponse demeure elle aussi — tout comme, par conséquent, l'indication que nous a donnée Marie. Aujourd'hui aussi, la détresse est présente. Aujourd'hui aussi, le pouvoir, sous toutes les formes imaginables, menace de piétiner la foi. Aujourd'hui aussi, par conséquent, on a besoin de cette réponse que la mère de Dieu a donnée aux enfants.

Votre homélie du 13 mai 2010 à Fatima avait des tonalités très dramatiques. « L'homme a pu déclencher un cycle de mort et de terreur », avez-vous proclamé, « mais il ne réussit pas à l'interrompre… » Ce jour-là, vous avez exprimé devant un demi-million de fidèles une demande qui est au fond spectaculaire : « Puissent ces sept années qui nous séparent du centenaire des Apparitions hâter le triomphe annoncé du Cœur Immaculée de Marie à la gloire de la Très Sainte Trinité. »
Cela signifie-t-il que le pape, qui occupe il est vrai une fonction prophétique, juge possible qu'au cours des sept années qui

viennent la Sainte Mère de Dieu apparaisse d'une manière qui équivaudra à un triomphe ?

J'ai dit que le « triomphe » se rapprocherait. Sur le fond, c'est la même chose que lorsque nous prions pour que le royaume de Dieu se rapproche. Cela ne signifiait pas — je suis peut-être trop rationaliste pour cela — que j'attends désormais un grand tournant, que je pense voir l'histoire changer subitement de cours, mais que le pouvoir du mal sera refréné ; que la force de Dieu se montre toujours à travers la force de la Mère et la maintient en vie.

L'Église est constamment appelée à faire ce qu'Abraham lui a demandé de faire : veiller à ce qu'il y a suffisamment de justes pour contenir le mal et la destruction. J'ai compris que les forces du bien peuvent de nouveau grandir. Dans ce sens, les triomphes de Dieu, les triomphes de Marie, sont discrets mais réels.

17

Jésus Christ revient

On a demandé un jour au philosophe Robert Spaemann si lui, scientifique de renommée internationale, croyait vraiment que Jésus était né d'une femme vierge et faisait des miracles, qu'il avait ressuscité d'entre les morts et qu'avec lui, on obtenait la vie éternelle : autant d'idées tout de même très puériles. Le philosophe, âgé de 83 ans, a répondu : « Oui, certainement, si vous voulez. Je crois à peu près aujourd'hui ce que je croyais enfant. Si ce n'est que depuis, j'ai eu le temps d'y réfléchir plus longuement. Et au bout du compte, la réflexion n'a fait que me renforcer dans la foi. »

Le pape, lui aussi, croit-il toujours ce qu'il a cru enfant ?

Je dirais cela dans des termes analogues. Je dirais : le simple est vrai — et le vrai est simple. Notre problème, c'est que les arbres nous cachent la forêt ; c'est que tant de savoir ne nous permet plus de trouver la sagesse. C'est dans ce sens que Saint-Exupéry, dans *Le Petit Prince*, ironise lui aussi sur l'intelligence de notre époque, montre qu'elle nous fait négliger l'essentiel et qu'au bout du compte le Petit Prince, qui ne comprend rien à toutes ces choses intelligentes, en voit davantage et voit mieux.

Qu'est-ce qui est important ? Qu'est-ce qui est véritable et qui porte ? Voir ce qui est simple, voilà l'important. Pourquoi Dieu ne serait-il pas en mesure d'offrir aussi une naissance à une vierge ? Pourquoi le Christ ne devrait-il pas pouvoir ressusciter ? Bien sûr, si je fais moi-même la part de ce qui peut exister et de ce qui ne le peut pas ; si c'est moi qui définis les frontières du possible, moi et personne d'autre, alors ce genre de phénomènes sont à exclure.

C'est une arrogance de l'intellect que de dire : il y a quelque chose de contradictoire et d'absurde là-dedans, cela suffit à le rendre impossible. Ce n'est pas à nous de décider toutes les possibilités du cosmos, combien se cachent au-dessus et à l'intérieur de lui. Le message du Christ et de l'Église rapproche de nous, de manière crédible, la connaissance de Dieu. Dieu voulait entrer dans ce monde. Dieu voulait que nous ne nous contentions pas de le deviner, de loin, par la physique et les mathématiques. Il voulait se montrer à nous. Il a ainsi pu faire ce que l'on raconte dans les Évangiles. Il a pu créer, à travers la résurrection, une nouvelle dimension de l'existence. Il a pu, au-delà de la biosphère et de la noosphère, comme le dit Teilhard de Chardin, créer encore une nouvelle sphère dans laquelle l'homme et le monde ne font qu'un avec Dieu.

La réalité est ainsi faite, a admis le physicien nucléaire Werner Heisenberg, que même l'invraisemblable est par principe pensable. Le prix Nobel se résumait ainsi : « La première gorgée dans le calice des sciences de la nature rend athée — mais au fond de la coupe, il y a Dieu qui attend. »

Je lui donnerais pleinement raison sur ce point. Tant que l'on est enivré par les connaissances fragmentaires, on dit : il n'y a rien de plus, avec cela, nous savons tout. Mais à l'instant où l'on reconnaît la dimension inouïe du tout, le regard va plus loin et pose la question d'un Dieu d'où tout provient.

L'un des événements marquants de votre pontificat a été la parution du premier volume de votre livre sur Jésus, dont on attend le deuxième tome. Pour la première fois, un pape en fonction se consacre ainsi à une étude théologique résolue sur Jésus Christ. Mais sur la couverture, le nom de l'auteur est Joseph Ratzinger.[1]

C'est qu'il ne s'agit pas d'un livre lié à ma fonction didactique, que j'aurais écrit en vertu de mon pouvoir pontifical. C'est un livre dont je m'étais proposé depuis longtemps de faire mon dernier grand opus et que j'ai déjà commencé à écrire avant d'être élu pape. Je ne voulais pas, et c'était tout à fait conscient, dispenser un enseignement officiel, mais participer aux confrontations théologiques et tenter de présenter une exégèse, une interprétation du Texte qui ne suive pas un historicisme positiviste mais intègre la foi comme élément de l'interprétation. Dans le paysage actuel de l'exégèse, il s'agit

---

1. *Jésus de Nazareth*, tome 1, Joseph Ratzinger – Benoît XVI, Flammarion, 2007.

bien entendu d'un risque gigantesque. Mais si l'interprétation des Textes sacrés veut vraiment être une théologie, il faut bien le prendre. Et si la foi doit nous aider à comprendre, elle ne doit pas être conçue comme un obstacle, mais comme une aide, afin que nous nous rapprochions des textes qui viennent de la foi et veulent y mener.

Un pape n'est pas élu pour devenir un auteur de best-sellers. Mais ne devez-vous pas considérer comme un effet de la Providence de pouvoir justement présenter ce livre au moment où, après la petite chaire de l'université, la cathèdre de Pierre, la plus grande scène du monde, est à votre disposition ?

Je laisse au Bon Dieu le soin de le dire. Je voulais donner ce livre pour aider les gens. Si mon élection comme pape permet d'aider encore plus de gens, je m'en réjouis bien entendu.

Jésus de Nazareth est la quintessence d'un homme qui, toute sa vie, en tant que prêtre, théologien, évêque, cardinal et maintenant pape, a travaillé sur la figure de Jésus. Qu'est-ce qui était particulièrement important à vos yeux ?

Précisément le fait que dans cet homme qu'est Jésus — car c'est un homme réel —, il y a plus qu'un homme. Et qu'on ne lui a pas seulement ajouté son élément divin par la suite, dans des processus de création de mythes. Non, dès l'origine du personnage, dans la première tradition et la première rencontre, apparaît quelque chose qui brise toutes les attentes.

Il m'est arrivé de dire qu'au *commencement* est le particulier ; les disciples ont été obligés de prendre du temps pour l'assimiler. Au début, il y a aussi la Croix. Les disciplines tentent encore, dans un premier temps, de comprendre l'événement dans le contexte de ce qui est généralement accessible. C'est peu à peu, seulement, que se révèle toute la grandeur de Jésus, et ils voient de plus en plus clairement ce qui était à l'origine ; ils voient donc le caractère originel de la figure de Jésus, ce dont nous parlons dans le *Credo* : Jésus Christ, le Fils unique de Dieu, conçu du Saint-Esprit.

Que veut Jésus de nous ?

Il veut de nous que nous le croyions. Que nous nous laissions guider par lui. Que nous vivions avec lui. Et qu'ainsi nous lui ressemblions de plus en plus, et que nous devenions justes.

Si votre ouvrage a été un événement, c'est qu'il marque un changement de paradigme, un tournant dans l'observation et dans l'abord des Évangiles. La méthode historico-critique avait ses mérites, mais elle a aussi été à l'origine d'une évolution funeste et erronée. Avec son opération de démystification, elle n'a pas seulement débouché sur un phénomène monstrueux de banalisation et d'aveuglement par rapport aux strates profondes et aux messages sous-jacents de la Bible. Nous sommes aujourd'hui forcés de constater que les prétendus « faits » allégués par les sceptiques qui, depuis deux cents ans, ont relativisé à peu près toutes les indications de la Bible, n'étaient souvent que de simples hypothèses.

Ne faudrait-il pas dire, encore plus clairement qu'on ne l'a fait jusqu'ici, que l'on a parfois pratiqué ici une pseudoscience qui opérait dans un esprit non pas chrétien, mais antichrétien, et qui a induit des millions de gens en erreur ?

Je ne porterais pas un jugement aussi dur. L'application de la méthode historique à la Bible, considérée comme un texte d'histoire, était un chemin qu'il fallait emprunter. Si nous croyons que le Christ relève vraiment de l'histoire, et non du mythe, il faut que son témoignage soit aussi disponible sous l'angle historique. Dans cette mesure, la méthode historique nous a aussi beaucoup offert. Nous sommes de nouveau proches du texte et de son caractère originel, nous voyons plus précisément comment il a été constitué, et beaucoup d'autres choses encore.

La méthode historico-critique restera toujours une dimension de l'interprétation. Vatican II l'a fait comprendre en présentant, d'une part, les éléments essentiels de la méthode historique comme une partie nécessaire de l'accès à la Bible, tout en ajoutant que celle-ci doit être lue dans l'esprit où elle a été écrite. Et ce n'est possible que si on la considère comme un livre du peuple de Dieu qui avance progressivement vers le Christ.

Ce qui est nécessaire, ce n'est pas simplement une rupture, mais une autocritique de la méthode historique ; une autocritique de la raison historique, qui comprendrait ses limites et reconnaîtrait sa compatibilité avec une connaissance à partir de la foi. En un mot : la synthèse entre une interprétation rationnellement historique et une interprétation dérivée de la foi. Nous devons assembler les deux comme il le faut. Et cela correspond aussi à la relation fondamentale entre la foi et la raison.

Ce qui est établi, c'est que les Évangiles ne sont pas les seuls textes à illustrer l'existence de Jésus et qu'il existe aussi de multiples sources extra-bibliques. Elles ne laissent place à aucun doute, ni sur son existence historique, ni sur le fait qu'on l'a vénéré comme le Messie attendu depuis longtemps. Les auteurs de l'Évangile ont enquêté avec précision et rédigé un texte passionnant et authentique sans céder à la tentation d'aplanir ou de glorifier quoi que ce soit. Les détails de leur récit concordent avec les réalités historiques.

Pour dire les choses clairement : il n'y a plus aucun doute que le Jésus historique et ce que l'on a appelé le « Jésus de la foi » sont des réalités absolument identiques ?

C'était en quelque sorte le point central de mon livre : montrer que le Jésus auquel on croit est aussi le Jésus historique et que le personnage, tel que le montrent les Évangiles, est beaucoup plus réaliste et plus crédible que les nombreuses autres figures de Jésus que l'on ne cesse de nous présenter. Elles ne sont pas seulement désincarnées, mais aussi irréalistes, parce qu'elles ne permettent pas d'expliquer comment, tout d'un coup, très rapidement, on se retrouve face à quelque chose de tout à fait différent et qui dépasse tout ce qui est ordinaire.

Vous avez bien sûr donné un coup de pied dans un nid de problèmes historiques, et c'est un nid de guêpes. Je ferais quant à moi preuve d'une plus grande prudence et je dirais que les études de détail sont encore importantes et utiles, même si la surabondance des hypothèses mène peu à peu à l'absurdité. Il est clair que les Évangiles sont aussi influencés par la situation concrète de ceux qui portent la tradition et s'incarnent immédiatement dans la foi. Mais nous ne pouvons pas entrer ici dans ce genre de détails. L'important, c'est que seul est réaliste, historique, le Christ que croient les Évangiles, et pas celui que l'on a fait ressortir, comme par distillation, de la foison d'études réalisées à son sujet.

Contrairement à ce qu'on a longtemps cru, les Évangiles n'ont pas été écrits bien après les événements, mais juste après eux. Ces textes ont en outre été transmis avec une fidélité sans pareille. Quand on lit aujourd'hui le Nouveau Testament, abstraction faite des incertitudes dans la traduction de certains mots et des questions stylistiques, on lit le texte, si l'on en croit l'historien Ulrich Victor, tel qu'il a été rédigé il y a deux mille ans.

Cela signifie-t-il qu'il n'y a jamais eu de « mise en forme » et donc de « remise en forme » du message de Jésus par la communauté d'origine et par les générations ultérieures, contrairement à ce qu'affirment beaucoup d'interprètes de la Bible ?

Ce qui est sûr, d'abord, c'est que ces textes ont été écrits peu après les faits. Nous sommes au plus près des événements, notamment par Paul. Son témoignage sur la Cène et la résurrection — 1 Co 11 ; 15 — remonte aux années trente. Deuxième point : ce qui est clair et évident, c'est aussi que l'on a traité ces écrits avec le respect dû aux textes sacrés et qu'on les a fixés et transmis d'abord dans la mémoire, puis sous forme écrite.

Mais ce qui est juste et naturel — nous le voyons en comparant les Évangiles synoptiques —, c'est qu'entre les trois évangélistes Mathieu, Marc et Luc, on transmet une seule et même histoire avec de légères variations, et que les contextes temporels ou événementiels se sont aussi fixé de différentes manières. Cela signifie que les porteurs de la tradition ont tout de même aussi établi une relation avec la compréhension de chacune des communautés, dans laquelle transparaît déjà ce qui est resté du passé. Il faut tenir compte, dans cette mesure, du fait qu'il ne s'agissait pas de notes prises comme dans un compte rendu et qui, pour ainsi dire, n'auraient dû être que des photographies. Il s'agissait d'une fidélité attentive, mais d'une fidélité qui vit avec le texte et lui donne déjà forme, sans influencer pour autant l'essentiel.

Le théologien Joseph Ratzinger démontre, avec des faits aussi frappants que sa logique, que Jésus est celui qui a tous les pouvoirs, le Seigneur de l'univers, Dieu lui-même, devenu homme. Le phénomène Jésus a transformé le monde comme il ne l'avait encore jamais été. Il constitue la plus grande césure, le plus grand bouleversement de l'histoire de l'humanité. Et pourtant il restera toujours une once de doute. Peut-être aussi parce que l'acte de l'incarnation de Dieu en un homme dépasse tout simplement ce que nous sommes capables de concevoir ?

Oui, vous avez pleinement raison sur ce point. On laisse simplement de l'espace à la liberté de décision et d'approbation humaine. Dieu ne s'impose pas. Il ne le fait pas de la manière dont je peux constater : ici, sur la table, il y a un verre ; il est là ! Son existence est une rencontre qui descend jusqu'au plus intime et au plus profond de l'homme mais ne peut jamais être réduite à la tangibilité d'une chose purement matérielle. C'est la raison pour laquelle, compte tenu des dimensions de l'événement, il est clair que la foi est toujours quelque chose qui se produit dans la liberté. Elle recèle la certitude qu'il s'agit de quelque chose de vrai, d'une réalité — mais à l'inverse, elle n'exclut jamais totalement la possibilité de la négation.

Le fait de travailler sur la vie et l'enseignement du Christ ne doit-il pas toujours aussi être une demande adressée à l'Église ? Quand on replonge une fois encore en tant qu'auteur, avec un esprit totalement neuf, dans cette histoire, n'est-on pas forcément un peu assombri de constater à quel point l'Église n'a cessé de s'éloigner du chemin que lui a indiqué le fils de Dieu ?

Oui, nous venons de le vivre en ce temps de scandales : on est vraiment triste de constater la misère de l'Église et à quel point certains de ses membres ont échoué dans la succession de Jésus Christ. Il est nécessaire que nous fassions cette expérience, pour notre humiliation, pour notre véritable humilité. L'autre point, c'est que malgré tout, Il ne l'abandonne pas. Qu'en dépit de la faiblesse des hommes, car c'est en eux qu'elle se manifeste,

Il tient bon, Il éveille les saints en eux et Il est là à travers eux. Je crois que ces deux sentiments vont de pair : la consternation face à la misère, la présence du péché dans l'Église et la forte émotion que procure le fait de constater qu'il n'abandonne pas cet outil, mais qu'il agit avec lui ; qu'il se montre constamment de nouveau à travers l'Église et en elle.

Jésus n'apporte pas seulement un message, il est aussi le Sauveur, le guérisseur, le « Christus medicus », comme le dit une ancienne expression. Dans cette société tellement abîmée sur de nombreux plans et dont nous avons beaucoup parlé au cours de cet entretien, l'urgente mission de l'Église n'est-elle pas aussi et justement de faire tout spécialement comprendre en quoi l'Évangile offre le salut ? Jésus a tout de même donné suffisamment de force à ses disciples pour qu'ils puissent, à côté de la proclamation, chasser les démons et soigner.

Oui, c'est un point décisif. L'Église n'impose rien à personne, elle ne présente pas un quelconque système moral. Ce qui est vraiment décisif, c'est qu'Il existe. Que l'Église ouvre les portes vers Dieu et donne ainsi aux gens ce qu'ils attendent le plus, ce dont ils ont le plus besoin, et ce qui peut aussi leur apporter la plus grande aide. Elle le fait avant tout par le biais du grand miracle de l'amour, qui ne cesse de se répéter. Lorsque des gens, sans en tirer profit, sans que leur métier les oblige à le faire, motivés par le Christ, prêtent secours et assistance à d'autres. Ce caractère thérapeutique du christianisme, pour reprendre les termes d'Eugen Biser[1], celui qui guérit et qui offre, devrait effectivement apparaître beaucoup plus distinctement.

Un grand problème, pour les chrétiens, est de se retrouver exposé à un monde qui se livre, au fond, à un bombardement permanent contre les valeurs alternatives de la culture chrétienne. N'est-il pas en fait impossible de résister totalement à ce type de propagande mondiale en faveur du comportement négatif ?

Nous avons effectivement, dans une certaine mesure, besoin d'îles où la foi en Dieu et la simplicité interne du christianisme vivent et rayonnent ; d'oasis, d'arches de Noé dans lesquelles l'homme peut toujours venir se réfugier. Les espaces de protection sont les espaces de la liturgie. Reste que même dans les différents mouvements et communautés, dans les paroisses, dans les célébrations des sacrements, dans les exercices de piété, dans les pèlerinages, etc., l'Église cherche à offrir des forces de résistance, puis à développer des zones de protection dans lesquelles la beauté du monde, la beauté de l'existence possible, devient de nouveau visible en contraste avec tout ce qui est abîmé autour de nous.

---

1. Prêtre et théologien allemand, auteur de nombreux livres sur la foi. (*N.d.T.*)

18

Des Choses Dernières

Jésus n'a pas recommandé l'usage de l'épée à ses disciples, mais leur a confié un autre équipement : « Je vous envoie l'Esprit », a-t-il promis. Ouvre-t-on ainsi l'accès à une pensée qui mène au-delà de l'ordinaire ? Une sorte d'intelligence spirituelle dont nous pourrions aujourd'hui faire la découverte sous un jour entièrement nouveau ?

On ne doit pas imaginer cela de manière trop mécanique, bien entendu. Ce n'est pas qu'on surélève notre existence ordinaire d'un étage supplémentaire. Cela signifie au contraire que le contact intérieur avec Dieu, avec et dans le Christ, ouvre en nous des possibilités réellement nouvelles et élargit notre cœur et notre esprit, la foi donne effectivement à notre vie une nouvelle dimension.

Ce serait peut-être une sorte de méta-Net, infiniment plus rapide que l'Internet, et en tout cas plus libre, plus authentique et plus positif.

Ce que l'on a exprimé en parlant de *Communio Sanctorum* : l'idée que nous sommes tous, d'une manière ou d'une autre, associés par un lien assez profond, et que nous nous reconnaissons même si nous ne nous sommes jamais vus, parce que le même Esprit, le même Seigneur agit en nous.

Dans votre discours de Lisbonne, vous avez déclaré que l'une des missions prioritaires de l'Église était aujourd'hui de rendre l'homme capable « de voir au-delà des avant-dernières choses — afin de chercher les dernières ». La théorie des « choses dernières » est au cœur de la foi. Elle traite des sujets comme l'enfer, le purgatoire, l'antéchrist, la persécution de l'Église à la fin des temps, le retour du Christ et le Jugement dernier. Pourquoi la Proclamation fait-elle peser un silence aussi frappant sur des thèmes eschatologiques qui, contrairement à certains « sujets brûlants permanents » internes à l'Église, sont tout de même de nature existentielle et concernent tout un chacun ?

C'est une question très sérieuse. Notre prédication, notre proclamation est effectivement orientée en bonne partie sur la seule création d'un monde meilleur, alors que le monde réellement meilleur n'est pratiquement plus mentionné. Nous devons sur ce point procéder à un examen de conscience. On tente, bien sûr, d'aller au-devant de nos auditeurs, de leur dire ce qui se trouve à leur horizon. Mais notre mission est aussi d'ouvrir cet horizon, de l'élargir et de regarder vers ce qui vient à la fin.

Ces idées-là sont difficiles à admettre pour les gens d'aujourd'hui. Elles leur paraissent irréelles. Ils préféreraient avoir des réponses concrètes pour ce qu'ils vivent maintenant, pour les tourments du quotidien. Mais ces réponses restent des demi-réponses si elles ne font pas aussi ressentir et comprendre intimement que je vais au-delà de cette vie matérielle, qu'il existe un Jugement, qu'il existe la Grâce et l'Éternité. Dans cette mesure, nous devons aussi trouver de nouveaux mots et de nouvelles manières pour permettre aux gens de franchir le mur du son de la finitude.

Toutes les prophéties de Jésus se sont accomplies, une seule est encore à venir : celle de son retour. Seul son accomplissement donnera toute sa vérité au mot de « Rédemption ». Vous avez inventé la notion de « réalisme eschatologique ». Qu'est-ce que cela signifie au juste ?

Cela signifie que ces choses ne sont pas des mirages ou je ne sais quelles utopies inventées, mais qu'elles rendent compte avec exactitude de la réalité. Nous devons effectivement toujours nous rappeler qu'Il nous dit, avec la plus grande certitude : Je reviendrai. Ces mots-là sont au-dessus de tout. C'est pour cette raison que primitivement, la messe se dit tourné vers l'Orient, vers le Seigneur qui revient, symbolisé par le soleil levant. Chaque messe est par conséquent une manière d'aller au-devant de celui qui vient. On anticipe ainsi cette venue ; nous allons dans Sa direction — et Il vient déjà, par anticipation.

J'aime faire à ce sujet la comparaison avec l'histoire des noces de Cana. Le Seigneur dit à Marie : « Mon heure n'est pas encore venue[1]. » Mais ensuite, il donne tout de même le nouveau vin et anticipe en quelque sorte son heure, qui n'est pas encore venue.

Ce réalisme eschatologique est présent dans l'eucharistie : nous allons au-devant de Lui, qui vient, et Lui vient et anticipe d'ores et déjà cette heure qui, un jour, prendra son caractère définitif. Nous devrions comprendre cela dans l'idée que nous allons au-devant du Seigneur qui est déjà en train de venir, que nous allons dans sa venue même — et que nous nous intégrons ainsi dans une réalité plus grande — qui dépasse justement le quotidien.

La religieuse Faustyna Kowalska, canonisée par Jean-Paul II, a entendu voici environ quatre-vingts ans les mots de Jésus dans une vision : « Tu vas préparer le monde à mon retour définitif. » Faut-il prendre cela au sérieux ?

Si l'on prenait ça dans un sens chronologique, afin de nous pourvoir immédiatement pour le retour du Messie, si je puis dire, on se tromperait. Si on le conçoit dans le sens spirituel que je viens de donner, dans l'idée que le Seigneur est celui qui vient et que nous nous préparons donc toujours à la venue définitive, justement lorsque nous allons vers Sa miséricorde et nous laissons nous-mêmes modeler par Lui, alors c'est exact. Se laisser modeler par la miséricorde de Dieu,

---

1. Jn 2,4. *(N.d.T.)*

comme contre-pouvoir à l'absence de miséricorde du monde, c'est en quelque sorte la préparation du moment où Lui-même viendra avec sa miséricorde.

Je voudrais revenir une fois encore sur ce point. Dans l'unique livre prophétique du Nouveau Testament, la « Révélation secrète de Jean » (le nom que l'on donne en allemand à l'Apocalypse selon saint Jean), que l'on comprend comme un message de joie, est centrée sur tout, sauf sur la deuxième apparition du Christ. Les érudits de la Bible, les moines et les astronomes de l'époque de Jésus s'étaient déjà mis à travailler au calcul du moment où arriverait le Messie.

Le scientifique allemand Rüdiger Holinski croit avoir établi que les sept lettres aux Églises mentionnées dans l'Apocalypse ne sont pas des lettres destinées à sept lieux différents, mais des codes désignant les époques qui se succéderont dans l'histoire de l'Église. Ainsi, le nom de la septième et dernière communauté, Laodicée (terme qui signifie « le droit du peuple »), symboliserait un soulèvement général et la pression pour avoir sa part dans l'action. Le « septième sceau » parallèle désignerait une époque caractérisée par les angoisses, les dépressions, les faux enseignants religieux et les nouvelles religions, une époque où les œuvres ne sont ni froides, ni chaudes.

Quoi qu'il en soit, le monde est aujourd'hui plus menacé qu'il ne l'a jamais été. Dans de nombreux domaines — et nous en avons déjà parlé ici —, la dévastation de la planète où nous vivons a atteint le point de non-retour. Des transformations dramatiques ont touché la situation de la foi. La conscience de la foi se tarit, il faut fermer des églises, une dictature d'opinion antichrétienne agit d'une manière qui n'est plus seulement subtile, mais ouvertement agressive. À cela s'ajoute le fait que l'homme s'en prend désormais au dernier tabou biblique, « *l'arbre de la vie* », la manipulation et la production de la vie elle-même.

Est-ce ce constat qui vous a incité à souligner, dans votre livre sur Jésus, que l'on devrait notamment appliquer les mots de Jésus sur le Jugement dernier à notre situation actuelle ?

Je suis sceptique face à ce genre d'interprétation. L'Apocalypse est un livre mystérieux, et il a de nombreuses dimensions. Ce que dit l'interpète en question est-il l'une de ces dimensions ? Je laisserais la question en suspens. En tout cas, l'Apocalypse ne fournit pas de schéma qui permettrait de calculer une date. Ce qui est frappant, en lui, c'est précisément qu'au moment où l'on croit être arrivé à la fin, tout repart du début. Cela signifie que l'Apocalypse reflète de manière mystérieuse la poursuite des tourments sans nous dire en même temps quand viendra une réponse, quelle sera sa précision, ni quand et comment le Seigneur se montrera à nous.

Ce n'est pas un livre qui se prête aux calculs chronologiques. L'important, c'est que chaque époque se place à proximité du Seigneur. Que nous, justement, ici et aujourd'hui, nous nous trouvions devant le Tribunal du Seigneur et nous fassions juger par Son Tribunal. Alors que l'on parlait jusqu'alors d'une deuxième venue du Christ — une fois à Bethléem, la deuxième fois à la fin des temps —, saint Bernard de Clairvaux a parlé d'un *Adventus medius*, une venue intermédiaire par laquelle Il refait régulièrement son entrée dans l'Histoire.

Je crois qu'en prononçant ces mots, il a trouvé le ton juste. Nous ne pouvons pas définir le moment où le monde va à sa fin. Le Christ lui-même dit que personne ne le sait, pas même le Fils. Mais nous devons pour ainsi dire nous tenir en permanence à proximité de sa venue — et être certain, notamment lorsque nous sommes en proie aux tourments, qu'il est près de nous. Nous devrions en même temps savoir, pour ce qui concerne nos actes, que nous nous trouvons sous le coup du Jugement dernier.

Nous ne savons pas quand cela se passera, mais nous savons par l'Évangile que cela se passera. « Quand le Fils de l'homme viendra dans sa gloire, escorté de tous les anges, alors il prendra place sur son trône de gloire », lit-on chez Matthieu[1] *Il séparera l'humanité comme un berger sépare les brebis et les boucs. Aux uns, Il dira : « Recevez le Royaume qui vous a été préparé depuis la fondation du monde. » Mais aux autres : « Allez loin de moi, maudits[2]. »*

Jean souligne encore l'absence d'ambiguïté de ces mises en garde : « Je suis la lumière du monde ; qui me suit ne marchera pas dans les ténèbres[3]. » Il existe encore beaucoup de termes du même ordre, qui renvoient au Tribunal. Tout cela n'a-t-il qu'une portée symbolique ?

Bien sûr que non. C'est bel et bien un Jugement dernier qui aura lieu ici. Disons que l'avant-dernier jugement a déjà lieu

---

1. Mt 25,31. (*N.d.T.*)
2. Mt 25,41. (*N.d.T.*)
3. Jn 8,12.

au cours de la mort. Le grand scénario que dessine surtout Matthieu 25, avec les brebis et les boucs, est une métaphore de l'inconcevable. Nous ne pouvons pas nous représenter ce processus inouï ; que tout le cosmos se retrouve devant le Seigneur, que toute l'Histoire se tienne devant lui. Il faut l'exprimer sous forme d'images qui nous permettent d'en avoir un pressentiment. La manière dont cela se présentera visuellement échappe à notre imagination.

Mais que lui est le juge, qu'un véritable Jugement aura lieu, qu'il va séparer l'humanité et qu'il existe aussi une possibilité de rejet, que les choses ne sont pas indifférentes, cela est très important. Aujourd'hui, les gens tendent à dire, allons, ça ne sera pas aussi grave que ça. À la fin Dieu ne peut pas être comme cela. Non. Il tient compte de nous. Et l'existence du mal demeure et il doit être condamné. Dans cette mesure, avec toute la joyeuse reconnaissance que nous inspire le fait que Dieu est bon et qu'il nous accorde sa grâce, nous devrions aussi percevoir et inscrire dans le programme de notre vie la gravité du mal, que nous avons vue sous le nazisme, et que nous voyons aussi aujourd'hui tout autour de nous.

Il y a quatorze ans, je vous demandais si cela valait seulement encore la peine d'embarquer à bord de l'Église, ce bateau qui paraît déjà un peu affecté par les faiblesses de l'âge. Il faut demander aujourd'hui si ce navire ne ressemble pas de plus en plus à une arche de Noé. Qu'en dit le pape ? Pouvez-vous encore nous sauver par nos propres forces, sur cette planète ?

Par ses propres forces, l'homme ne peut de toute façon pas maîtriser l'histoire. Que l'homme soit en péril et qu'il mette le monde en danger, on en a aussi aujourd'hui des preuves scientifiques. Il ne peut être sauvé que si les forces morales grandissent dans son cœur ; des forces qui ne peuvent venir que de la rencontre avec Dieu ; des forces qui résistent. Dans cette mesure, nous avons besoin de Lui, l'Autre, qui nous aide à être ce que nous ne pouvons être nous-mêmes ; et nous avons besoin du Christ, qui nous rassemble au sein d'une communauté que nous appelons l'Église.

D'après l'Évangile selon saint Jean, Jésus dit, à un moment décisif, qu'il s'agit de la mission confiée par Son Père : « Et je sais que son commandement est vie éternelle[1]*. » Est-ce pour cela que Jésus est venu dans le monde ?*

Sans aucun doute. C'est de cela qu'il s'agit. Que nous devenions capables de Dieu, pour pouvoir ainsi entrer dans la vie véritable, dans la vie éternelle. Il est effectivement venu pour que nous connaissions la vérité. Pour que nous puissions toucher Dieu. Pour que la porte nous soit ouverte. Pour que nous trouvions la vie, la vie véritable, celle qui n'est plus soumise à la mort.

---

1. Jn 12,50. (*N.d.T.*)

ANNEXES

Lettre pastorale de Benoît XVI aux catholiques d'Irlande

Chers Frères et Sœurs de l'Église en Irlande, c'est extrêmement préoccupé que je vous écris en tant que Pasteur de l'Église universelle. Comme vous, j'ai été profondément bouleversé par les informations qui ont été révélées concernant l'abus d'enfants et de jeunes vulnérables par des membres de l'Église en Irlande, en particulier par des prêtres et des religieux. Je ne peux que partager le désarroi et le sentiment de trahison que nombre d'entre vous ont ressenti [...].
En même temps, je dois également exprimer ma conviction que, pour se remettre de cette blessure douloureuse, l'Église qui est en Irlande doit en premier lieu reconnaître, devant le Seigneur et devant les autres, les graves péchés commis contre des enfants sans défense. Une telle prise de conscience, accompagnée d'une douleur sincère pour les préjudices portés à ces victimes et à leurs familles, doit conduire à un effort concerté afin d'assurer à l'avenir la protection des enfants contre de tels crimes. [...]
Ce n'est qu'en examinant avec attention les nombreux éléments qui ont donné naissance à la crise actuelle qu'il est possible d'entreprendre un diagnostic clair de ses causes et de trouver des remèdes efficaces. Il est certain que parmi les facteurs qui y ont contribué, nous pouvons citer: des procédures inadéquates pour déterminer

l'aptitude des candidats au sacerdoce et à la vie religieuse ; une formation humaine, morale, intellectuelle et spirituelle insuffisante dans les séminaires et les noviciats ; une tendance dans la société à privilégier le clergé et d'autres figures d'autorité, ainsi qu'une préoccupation déplacée pour la réputation de l'Église et pour éviter les scandales, qui a abouti à ne pas appliquer les peines canoniques en vigueur et à ne pas protéger la dignité de chaque personne.

AUX VICTIMES D'ABUS ET À LEURS FAMILLES

Vous avez terriblement souffert et j'en suis vraiment désolé. Je sais que rien ne peut effacer le mal que vous avez enduré. Votre confiance a été trahie, et votre dignité a été violée. Beaucoup d'entre vous, alors que vous avez eu le courage de parler de ce qui vous était arrivé, ont fait l'expérience de n'être pas écoutés. Ceux d'entre vous qui ont subi des abus dans les internats doivent avoir ressenti qu'il n'y avait pas moyen d'échapper à leurs souffrances. Il est compréhensible que vous trouviez difficile de pardonner ou de vous réconcilier avec l'Église. En son nom, je vous exprime ouvertement la honte et le remords que nous éprouvons tous.

AUX PRÊTRES ET AUX RELIGIEUX QUI ONT ABUSÉ DES ENFANTS

Vous avez trahi la confiance placée en vous par de jeunes innocents et par leurs parents. Vous devez en répondre devant Dieu Tout-Puissant, ainsi que devant les tribunaux constitués à cet effet. Vous avez perdu l'estime des personnes en Irlande et jeté la honte et le déshonneur sur vos confrères. Ceux d'entre vous qui sont prêtres ont violé la sainteté du sacrement de l'Ordre sacré, dans lequel le Christ se rend présent en nous et dans nos actions. En même temps que l'immense dommage causé aux victimes, un grand dommage a été perpétré contre l'Église et contre la perception dans l'opinion du sacerdoce et de la vie religieuse. Je vous exhorte à examiner votre conscience, à assumer la responsabilité des péchés que vous avez commis et à exprimer avec humilité votre regret. [...] Reconnaissez ouvertement vos fautes, soumettez-vous aux exigences de la justice, mais ne désespérez pas de la miséricorde de Dieu.

À MES FRÈRES ÉVÊQUES

On ne peut pas nier que certains d'entre vous et de vos prédécesseurs ont failli, parfois gravement, dans l'application des normes du droit canonique codifiées depuis longtemps en ce qui concerne les crimes d'abus sur les enfants. De graves erreurs ont été commises dans le traitement des accusations. Je comprends combien il était difficile de saisir l'ampleur et la complexité du problème, d'obtenir des informations fiables et de prendre des décisions justes à la lumière de conseils divergents d'experts. Malgré cela, il faut admettre que de graves erreurs de jugement ont été commises et que des défaillances dans le gouvernement ont eu lieu. Tout cela a sérieusement miné votre crédibilité et votre efficacité. [...] En plus de mettre pleinement en œuvre les normes du droit canonique en affrontant les cas d'abus sur les enfants, continuez à coopérer avec les autorités civiles dans le domaine de leur compétence. [...] Seule une action ferme conduite en toute honnêteté et transparence pourra rétablir le respect et l'affection des Irlandais envers l'Église, à laquelle nous avons consacré notre vie.

Foi et violence

Extrait du « discours de Ratisbonne » du 12 septembre 2006

Sans entrer dans des détails comme le traitement différent des « détenteurs d'Écritures » et des « infidèles », il s'adresse à son interlocuteur d'une manière étonnamment abrupte — abrupte au point d'être pour nous inacceptable —, qui nous surprend et pose tout simplement la question centrale du rapport entre religion et violence en général. Il dit : « Montre-moi ce que Mahomet a apporté de nouveau et tu ne trouveras que du mauvais et de l'inhumain comme ceci, qu'il a prescrit de répandre par l'épée la foi qu'il prêchait » (3). Après s'être prononcé de manière si peu amène, l'empereur explique minutieusement pourquoi la diffusion de la foi par la violence est contraire à la raison. Elle est contraire à la nature de Dieu et à la nature de l'âme. « Dieu ne prend pas plaisir au sang, dit-il, et ne pas agir selon la raison (συν λογω) est contraire à la nature de Dieu. La foi est fruit de l'âme, non pas du corps. Celui qui veut conduire quelqu'un vers la foi doit être capable de parler et de penser de façon juste et non pas de recourir à la violence et à la menace… Pour convaincre une âme douée de raison, on n'a pas besoin de son bras, ni d'objets pour frapper, ni d'aucun autre moyen qui menace quelqu'un de mort… »

Sida et humanisation de la sexualité

Extrait d'une interview réalisée au cours du vol pour le Cameroun, le 17 mars 2009

Père Lombardi : Nous donnons à présent de nouveau la parole à une voix française, notre collègue Philippe Visseyrias, de France 2.

Question : Votre Sainteté, parmi les nombreux maux dont souffre l'Afrique, la propagation du Sida tient une place singulière. La position qu'a adoptée l'Église catholique à propos de la manière de lutter contre cette maladie est souvent considérée comme irréaliste et inefficace. Parlerez-vous de ce sujet au cours de votre voyage ?

Benoît XVI : Pour ma part, j'affirmerais le contraire. Je pense que la réalité la plus efficace, la plus souvent présente dans le combat contre le Sida, est justement l'Église catholique, avec ses mouvements et ses différentes structures. Je pense à la communauté de Sant'Egidio, qui fait tant dans le combat contre le Sida — de manière visible, mais aussi dans la discrétion, je pense aux camilliens, à beaucoup d'autres choses qu'accomplissent toutes les

religieuses qui s'occupent des malades… Je dirais que l'on ne peut pas résoudre le problème du Sida avec de l'argent, même si celui-ci est nécessaire. Mais si l'âme n'est pas impliquée, si les Africains n'apportent pas leur aide (en prenant leurs responsabilités), on ne peut pas en venir à bout en distribuant des préservatifs. Au contraire, ils accroissent le problème.
La solution ne peut être trouvée que dans un double effort : premièrement, dans une humanisation de la sexualité, c'est-à-dire dans une rénovation spirituelle et humaine qui entraîne un nouveau comportement dans les relations entre les êtres ; et deuxièmement, dans une amitié vraie, y compris et surtout pour tous ceux qui souffrent, dans une disponibilité pour être aux côtés de ceux-là, ce qui implique des sacrifices et un renoncement personnel.
Je dirais par conséquent que ce dont il est question, c'est de cette double force consistant d'une part à rénover l'homme de l'intérieur, à lui donner de l'énergie spirituelle et humaine pour un comportement juste avec son propre corps et celui de l'autre, et d'autre part de cette capacité à souffrir avec ceux qui souffrent, à rester présent dans des situations d'épreuve intérieure. Cela me semble être la bonne réponse. L'Église le fait et apporte ainsi une contribution considérable et importante. Remercions tous ceux qui le font.

Biographie et brève chronique du Pontificat

BIOGRAPHIE JUSQU'À L'ÉLECTION COMME PAPE

1927–1937

Né Joseph Alois Ratzinger le Samedi saint, 16 avril 1927, à 4 h 15, à Marktl am Inn, canton d'Altötting. Ses parents sont le *Gendarmeriemeister* Joseph Ratzinger (* 6 mars 1877 ; † 25 août 1959) et la fille de boulanger Maria Ratzinger (* 8. janvier 1884, † 16 décembre 1963). Joseph est le troisième et dernier enfant des époux, après Maria Theogona (* 7 décembre 1921, † 2 novembre 1991) et Georg (* 15 janvier 1924). En juillet 1929, la famille déménage à Tittmoning, en décembre 1932 à Aschau am Inn, où il est scolarisé. À partir de 1937, la famille habite à Hufschlag bei Traunstein.

1937–1945

1937 : admission au lycée de Traunstein ; *1939* : entrée au petit séminaire diocésain Sankt Michael à Traunstein ; *1943–1945* : service militaire comme auxiliaire à la DCA, au Service du Travail et comme soldat d'infanterie ; *de mai à juin 1945* : prisonnier de guerre, détenu par les Américains à Neu-Ulm. *1945* : baccalauréat au lycée Chiemgau à Traunstein.

1945–1951

Décembre 1945 — été 1947 : études de philosophie à l'École supérieure de Philosophie et de Théologie de Freising, près de Munich. Puis études de théologie à l'université de Munich. *Fin de l'automne 1950 à juin 1951* : grand séminaire à Freising pour la préparation à l'ordination.

1951–1953

Ordonné prêtre le 29 juin 1951 à Freising, en même temps que son frère Georg, par le cardinal Michael Faulhaber. *Juillet 1951* : vicaire à Munich — Moosach (Paroisse Sankt Martin). *À partir du 1er août 1951* : aumônier à Munich-Bogenhausen (Paroisse Heiliger Blut). *Octobre 1952 à l'été 1954* : enseignant au grand séminaire de prêtres de Freising Priesterseminar ; collaboration à la marche des églises de Freising. *Juillet 1953* : doctorat à l'université de Munich (Sujet : « Peuple et maison de Dieu dans *De la doctrine chrétienne* de saint Augustin »).

1954–1959

À partir du semestre d'hiver 1954-19955 : chargé de cours de théologie dogmatique et fondamentale à l'École Supérieure de Philosophie et de Théologie de Freising. *1957* : habilitation à l'université de Munich, en théologie fondamentale, sur le sujet : « La théologie de l'histoire de saint Bonaventure ». *1958–1959* : professeur surnuméraire de théologie dogmatique et fondamentale à Freising.

1959–1963

Professeur titulaire de théologie fondamentale à l'université de Bonn. Thème de la leçon inaugurale : « Le Dieu de la foi et le Dieu des philosophes ».

1962–1965
Conseiller théologique du cardinal Joseph Frings, archevêque de Cologne, et expert officiel (*peritus*) au concile Vatican II. Membre de la Commission doctrinale de l'épiscopat allemand et de la Commission internationale de théologie à Rome.

1963–1966
Professeur de théologie dogmatique et d'histoire des dogmes à l'université de Münster (Leçon inaugurale : « Révélation et tradition »).

1966–1969
Professeur titulaire de théologie dogmatique et d'histoire des dogmes à l'université de Tübingen. En 1968 paraît son « Introduction au christianisme » (La foi chrétienne hier et aujourd'hui, édition française).

1969–1977
Professeur titulaire de théologie dogmatique et d'histoire des dogmes à l'université de Ratisbonne. *1972 :* avec Hans Urs von Balthasar, Henri de Lubac et d'autres, fonde la revue catholique internationale *Communio*. *1976-1977 :* vice-président de l'université de Ratisbonne.

1977–1982
25 mars 1977 : Nommé archevêque de Munich et Freising par le pape Paul VI, ordonné évêque le 28 mai. Sa devise épiscopale est : *Cooperatores veritatis* — ceux qui collaborent à la vérité (d'après la troisième épître de saint Jean, 8).
27 juin 1977 : créé cardinal. Nommé professeur honoraire à l'université de Ratisbonne.

1978 : l'année des trois papes. Après la mort de Paul VI (6 août), participation au conclave qui élit Albino Luciani, sous le nom de Jean-Paul Ier ; après la mort de Luciani (28 septembre), participation au conclave d'où Karol Wojtyła, archevêque de Cracovie, sortira pape sous le nom de Jean-Paul II le 16 octobre. Le Cardinal Ratzinger a apporté un soutien décisif à son élection. Karol Wojtyła est le premier non-Italien à siéger sur le trône de Pierre depuis 1523.

1981–2005
25 novembre 1981 : nommé par Jean-Paul II préfet de la Congrégation pour la Doctrine de la Foi, et par là-même président de la Commission biblique pontificale et de la Commission théologique internationale (départ de Munich en mars 1982 et entrée en fonctions à Rome).
1986–1992 : directeur de la Commission pontificale pour le catéchisme de l'Église catholique (qui sera présenté le 12 décembre 1992). *1991 :* membre de l'Académie Européenne des Sciences et des Arts. *1992 :* élu membre de l'Académie des Sciences Morales et Politiques de l'Institut de France, Paris. *1993 :* promu cardinal-évêque, titulaire du siège suburbicaire de Velletri-Segni. *1998 :* ouverture des archives de l'ancienne Inquisition, à l'instigation du Cardinal Ratzinger ; élu vice-doyen du collège des cardinaux ; nommé commandeur de la Légion d'honneur par le Président de la République française. *1999 :* signataire la « Déclaration commune sur la doctrine de la justification » entre l'Église catholique et la Fédération mondiale luthérienne, texte dans l'avancement duquel il a joué un rôle majeur. *2000 :* publication de la déclaration *Dominus Iesus* sur le caractère unique de l'incarnation de

Dieu en Jésus-Christ et sur le statut particulier de l'Église catholique ; depuis le 13 novembre 2000, membre d'honneur de l'Académie pontificale des Sciences. *2001 :* face aux nombreux cas d'abus sexuels commis sur des enfants par des membres du clergé et au manque d'action des autorités religieuses dans ce domaine, Ratzinger ajoute ce problème aux compétences de la Congrégation pour la Doctrine de la foi et commence à traiter trois mille cas ; suivent des règles d'application au Vatican (2001) et en Allemagne (2002). *2002 :* nommé doyen du sacré Collège, avec le titre suburbicaire d'Ostie ; participation à la Rencontre mondiale de prière à Assise.

Autres charges à la Curie romaine à cette époque : membre du Conseil du Secrétariat pour les Relations avec les États des Congrégations pour les Églises orientales, pour le Culte divin et la discipline des sacrements, pour les Évêques, pour l'Évangélisation des peuples, pour l'Éducation catholique, pour le Clergé et pour les Causes des Saints ; membre du Conseil pontifical pour la Promotion de l'Unité des Chrétiens et membre du Conseil pontifical pour la Culture ; membre du Tribunal de la Signature apostolique ; et aussi des Commissions pontificales pour l'Amérique latine, « Ecclesia Dei », pour l'Interprétation authentique du Code de Droit canonique, et pour la Révision du Code des Canons des Églises orientales.

Doctorats *honoris causa* : université Saint-Thomas à Saint-Paul, États-Unis (1984), Université catholique de Lima (1986), université catholique d'Eichstätt (1987), université catholique de Lublin (1988), université de Navarre à Pampelune (1998), université libre « Maria Santissima Assunta (LUMSA) » à Rome (1999), université de Wroclaw (2000).

BRÈVE CHRONIQUE DU PONTIFICAT

2005

2 avril : mort de Jean-Paul II.

8 avril : doyen du Sacré Collège, le cardinal Ratzinger préside les cérémonies funéraires du pape défunt et le conclave qui lui succède. La messe des obsèques de Jean-Paul II, avec près de cinq millions de participants, est sans doute la plus grande manifestation religieuse dans l'histoire de l'humanité.

18 avril : début du conclave, avec l'entrée des cent quinze cardinaux électeurs dans la chapelle Sixtine ; Homélie d'avant-conclave par le cardinal Ratzinger sur le « relativisme ».

19 avril : après un conclave particulièrement bref — vingt-six heures seulement — Joseph Ratzinger entre dans l'histoire comme le deux cent soixante-cinquième pape de l'histoire de l'Église catholique romaine. Le nouveau souverain pontife prend le nom de Benoît, en mémoire du fondateur de l'ordre bénédictin, Benoît de Nursie, mais aussi de son prédécesseur par le nom, Benoît XV, qui fut qualifié de « pape de la paix » après les initiatives qu'il a prises pendant la Première Guerre mondiale pour mettre un terme au conflit.

Benoît XVI est le premier pape des temps modernes à renoncer à porter sur son blason la tiare, qui symbolise aussi le pouvoir séculier de l'Église ; il la remplace par une simple mitre épiscopale. On intègre d'autre part pour la première fois dans un blason du pape un *pallium,* une pièce de laine portée sur l'épaule par les archevêques métropolitains.

24 avril : Messe d'inauguration du pontificat sur la place Saint-Pierre, avec la participation de 500 000 pèlerins et dignitaires.

Benoît porte le pallium à la manière orientale, expression de sympathie et allusion à la phase précédant le schisme de 1054, époque où les Églises d'Orient et d'Occident étaient encore unies sous l'égide des successeurs de Pierre.

29 mai : visite pastorale à Bari pour conclure le Congrès national eucharistique. Benoît XVI souligne la signification centrale du dimanche et de l'eucharistie : « Sans dimanche, nous ne pourrions pas vivre ».

9 juin : rencontre avec des représentants du Comité juif international pour les consultations interreligieuses[1].

16 juin : rencontre avec le pasteur Samuel Kobia, secrétaire du Conseil œcuménique des Églises.

24 juin Visite d'État chez le président italien Carlo Ciampi au palais du Quirinal à Rome. Cette visite avait déjà été planifiée par Jean-Paul II ; après vingt années de relations distantes, elle devait favoriser le rapprochement entre le Saint-Siège et l'État italien.

28 juin : motu proprio pour l'approbation et la publication du *Compendium du Catéchisme de l'Église catholique*[2].

30 juin Réception de la délégation du patriarche œcuménique Bartholomeos Ier à l'occasion de la fête des saints Pierre et Paul.

---

1. Le pape reçoit chaque semaine un certain nombre de chefs d'État et de membres des gouvernements. Nous ne pouvons toutefois, faute de place, mentionner que quelques rencontres particulières. Impossible également d'inventorier la quantité de rencontres avec des prêtres, des théologiens et des évêques lors des visites *ad limina,* les réceptions de diplomates, les béatifications et canonisations, allocutions, messages, textes, célébrations liturgiques, nominations, visites aux malades, etc.

2. Pour toutes les publications du pape, qu'il s'agisse de lettres apostoliques ou d'encycliques, la date indiquée est celle de la signature, et non de la publication.

18 au 21 août : voyage apostolique à Cologne à l'occasion des 20ᵉ Journées Mondiales de la Jeunesse. *19 août :* Visite de la synagogue de Cologne. C'est la première visite pontificale d'un lieu de culte juif en Allemagne. *21 août :* Messe de clôture des Journées Mondiales de la Jeunesse à Cologne, avec plus d'un million de jeunes.

20 septembre : Benoît XVI est le premier pape à donner une interview télévisée — c'est pour la chaîne polonaise TVP.

24 septembre : entretien de quatre heures avec le théologien et critique de l'Église Hans Küng, de Tübingen, auquel Jean-Paul II a retiré en 1979 l'autorisation d'enseigner la théologie.

2 au 23 octobre : XIᵉ assemblée générale ordinaire du Synode mondial des évêques, sur le thème « L'eucharistie. Source et sommet de la vie et de la mission de l'Église ». C'est la première fois lors d'un synode épiscopal que le pape prend part aux commentaires. Benoît XVI introduit en outre le débat libre afin d'échanger les arguments opposés dans une « agitation salutaire ».

7 novembre : rencontre avec le président de la Fédération luthérienne mondiale, l'évêque Mark Hanson.

17 novembre : réception du président de l'État d'Israël, Moshe Katzav, qui invite le pape Benoît à faire une visite en Terre Sainte.

3 décembre : réception du chef de l'Autorité autonome palestinienne, Mahmud Abbas, qui l'invite à faire une visite en Territoires palestiniens.

25 décembre : première encyclique : *Deus caritas est* (« Dieu est amour »), dans laquelle le pape Benoît décrit l'amour comme la dimension centrale du christianisme.

2006

18 février : publication de l'*Annuaire pontifical 2006* dans lesquelles, pour la première fois, la désignation honorifique de « Patriarche d'Occident » n'apparaît plus parmi les titres officiels du pape. Cette suppression est un geste œcuménique adressé à l'orthodoxie.

11 mars : réforme de la Curie : regroupement entre la présidence du « Conseil pontifical pour la Pastorale, des Migrants et des Personnes en Déplacement » et celle du « Conseil pontifical 'Justice et Paix' », ainsi qu'entre la présidence du « Conseil pontifical pour le Dialogue interreligieux » et celle du « Conseil pontifical de la Culture ».

20 mai : rencontre avec le métropolite russe orthodoxe Cyrille.

25 au 28 mai : voyage apostolique en Pologne. *26 mai :* Visite du Sanctuaire de Jasna Góra, à Czestochowa, en Pologne. *27 mai :* Visite de la maison natale de Jean Paul II à Wadowice ; Rencontre avec 600 000 jeunes à Cracovie. *28 mai :* messe avec 1,2 million de personnes à Cracovie ; visite du camp d'extermination d'Auschwitz-Birkenau. Cette visite n'était pas au programme, mais Benoît XVI à tenu à la faire : « Le pape ne pouvait pas ne pas venir ici. »

3 juin : célébration de la messe avec 350 000 membres des nouvelles communautés spirituelles sur la place Saint-Pierre.

8 au 9 juillet : voyage apostolique à Valence (Espagne), à l'occasion des 5e Rencontres mondiales des familles. « La famille est un bien nécessaire pour les peuples, un fondement indispensable pour la société et un grand trésor pour les époux durant toute leur vie. » (Discours prononcé le 8 juillet).

1er septembre : pèlerinage au sanctuaire du « Saint Visage » de Manoppello (Italie).

9 au 14 septembre : voyage apostolique en Bavière, avec des étapes à Munich, Altötting, Marktl (ville de naissance du pape), Ratisbonne et Freising. *12 septembre :* Conférence scientifique à l'université de Ratisbonne. Il cite des propos de l'empereur byzantin médiéval Manuel II Paléologue sur le rôle de la violence dans l'islam, propos qui provoquent des protestations chez les musulmans du monde entier. Au cours de ces manifestations, des églises sont profanées et une religieuse perd la vie.

15 septembre : après la démission du cardinal Angelo Sodano, atteint par la limite d'âge, nomination du cardinal Tarcisio Bertone comme nouveau Secrétaire d'État.

19 octobre : visite à Vérone à l'occasion du IVe Congrès national de l'Église italienne.

28 novembre au 1er décembre : voyage apostolique en Turquie. *28 novembre :* Rencontre avec le Premier ministre turc Recep Tayyip Erdoğan. *29 novembre :* Rencontre avec le patriarche œcuménique Bartholomeos Ier, « primus inter pares » de tous les primats. *30 novembre :* Célébration commune de la saint André avec le patriarche Bartholomée et signature d'une déclaration commune sur le rapprochement entre catholiques et orthodoxes ; rencontre avec le patriarche arménien Mesrob II Mutafyan ; visite de la Mosquée du Sultan Ahmet à Istanbul — c'est la deuxième visite pontificale jamais effectuée dans un lieu de culte islamique.

13 décembre : réception du Premier ministre israélien, Ehud Olmert, pour un entretien sur la situation au Proche-Orient et au Liban.

15 décembre : rencontre avec le patriarche copte-catholique, Mgr Antonios Naguib.

16 décembre : lettre à la chancelière allemande, Angela Merkel, avant le sommet du G8 à Heiligendamm ; le pape y demande l'annulation de la dette des pays les plus pauvres.

2007

25 janvier : réception du Premier ministre du Vietnam, Nguyen Tan Dung. C'est la première visite d'un chef de gouvernement vietnamien au Vatican depuis la prise de pouvoir par les communistes en 1975.

22 février : exhortation apostolique post-synodale « Sacramentum Caritatis » sur l'eucharistie comme source et sommet de la vie et de la mission de l'Église.

13 mars : rencontre avec le Premier ministre russe, Vladimir Poutine. Le cœur de l'entretien est constitué par les relations entre l'Église catholique et l'Église orthodoxe russe, ainsi que par la situation au Proche-Orient.

20 mars : réception du Secrétaire général des Nations Unies, Ban Ki-moon.

24 mars : réception de quatre-vingt mille membres et partisans du mouvement religieux « Comunione e Liberazione » sur la place Saint-Pierre.

16 avril : publication du premier tome du livre *Jésus de Nazareth* pour le quatre-vingtième anniversaire du pape.

21 au 22 avril : visite pastorale à Vigevano, en Lombardie, l'unique diocèse italien que n'a pas visité Jean-Paul II pendant ses vingt-sept années de ministère, et à Pavie, où le pape fait un pèlerinage sur la tombe de saint Augustin.

4 mai : rencontre avec le président du Conseil de l'Église protestante en Allemagne, l'évêque Wolfgang Huber.

9 au 14 mai : voyage apostolique au Brésil. *9 mai :* Benoît XVI qualifie l'Amérique latine de « continent de l'espoir ». *10 mai :* Rencontre avec le président Luiz Inácio Lula da Silva à São Paulo. *12 mai :* Le pape visite à sa demande la « Fazenda da Esperança », un projet visant à réintégrer, notamment, les jeunes toxicomanes. *13 mai :* inauguration de la 5ᵉ Conférence générale de l'épiscopat d'Amérique latine et des Caraïbes à Aparecida.

23 mai : lors de l'audience générale, le pape évoque son voyage en Amérique latine et parle de « crime injustifiable » à propos de la colonisation et de la christianisation du continent.

27 mai : lettre aux catholiques de Chine, dans laquelle le pape Benoît XVI appelle les douze millions de croyants, scindés en deux camps, à se rassembler sous son égide et demande au gouvernement de Pékin de rétablir les relations diplomatiques avec le Saint-Siège.

9 juin : George W. Bush, président des États-Unis, s'entretient avec le pape Benoît XVI de la situation au Proche et au Moyen-Orient.

11 juin : motu proprio *De aliquibus mutationibus in normis de electione Romani Pontificis,* sur quelques modifications dans les normes concernant l'élection du pape. On y établit qu'au cours d'un conclave, une majorité des deux tiers est indispensable même après le trente-troisième tour, après lequel une majorité simple suffisait jusqu'ici.

17 juin : visite pastorale à Assise à l'occasion du 800e anniversaire de la conversion de saint François.

21 juin : rencontre avec le patriarche assyrien Mar Dinkha IV.

25 juin : scission de la direction du « Conseil pontifical du Dialogue interreligieux » et du « Conseil pontifical de la Culture ».

7 juillet : motu proprio *Summorum Pontificum* sur la liturgie romaine, sous la forme qu'elle avait avant la réforme menée en 1970. Ce texte admet de nouveau, à côté de la forme normale *(forma ordinaria)* du rite romain, ce que l'on appelle la « messe tridentine », qui était en vigueur jusqu'au concile, comme forme extraordinaire *(forma extraordinaria)* susceptible d'être célébrée dans les paroisses sans qu'il soit besoin pour cela, comme c'était le cas auparavant, de l'autorisation de l'évêque du lieu.

1er au 2 septembre : visite pastorale à Lorette à l'occasion de « l'Agora », une rencontre avec plusieurs centaines de milliers de jeunes Italiens, ouverture nationale des Journées Mondiales de la Jeunesse à Sydney.

6 septembre : rencontre avec le Premier Ministre israélien Shimon Peres.

7 au 9 septembre : voyage apostolique en Autriche, à l'occasion du 850ᵉ anniversaire de la fondation du pèlerinage de Mariazell. À Vienne, le pape parle une fois de plus de la culture du dimanche.

23 septembre : visite pastorale à Velletri (Italie), dont Joseph Ratzinger a été évêque titulaire pendant douze ans avant d'être élu pape.

8 octobre : rencontre avec le directeur du Congrès juif mondial, Ronald Lauder.

19 octobre : première rencontre officielle jamais organisée entre un pape et des représentants des mennonites.

21 octobre : visite pastorale à Naples à l'occasion des 21ᵉ Rencontres internationales et interreligieuses de la Paix, auxquelles participent entre autres le patriarche œcuménique de Constantinople, Bartholomeos Iᵉʳ, l'archevêque anglican de Canterbury, Rowan Williams, le Président du Conseil de l'Église protestante allemande, le grand rabbin d'Israël Yona Metzger, et le recteur de l'université al-Azhar en Égypte, Ahmed Al-Tayyeb.

6 novembre : réception du roi d'Arabie Saoudite, Abdallah, gardien des lieux saints de l'islam. C'est la première audience d'un monarque saoudien auprès d'un chef de l'Église catholique.

30 novembre : deuxième encyclique *Spe salvi* (« Sauvé dans l'espérance ») sur l'espérance chrétienne, y compris au-delà de la mort.

6 décembre : rencontre avec des représentants de l'Alliance baptiste mondiale.

7 décembre : réception du directeur du département des relations extérieures de l'Église orthodoxe russe, le métropolite Cyrille, qui sera nommé plus tard patriarche de son Église.

2008

5 février : modification de la prière du Vendredi saint « pour les juifs » dans le cadre du Missel tridentin, dans une version ayant fait l'objet d'une adaptation théologique.

6 mars : rencontre avec le Patriarche œcuménique de Constantinople, Bartholomeos Ier.

15 au 21 avril : voyage apostolique aux États-Unis et auprès des Nations Unies. *16 avril :* rencontre avec le président des États-Unis, George W. Bush, à la Maison Blanche. *17 avril :* pour la première fois, un pape rencontre des hommes et des femmes ayant fait l'objet d'abus sexuels de la part de prêtres catholiques ; message à la communauté juive mondiale à l'occasion de Pessah. *18 avril :* allocution devant l'assemblée générale des Nations unies à New York. Le respect des droits de l'homme y occupe la première place ; visite de la Park-East-Synagoge à Manhattan. *20 avril :* prière pour les victimes des attentats terroristes du 11 septembre 2001 à Ground Zero.

16 avril : message du pape à la télévision russe.

2 mai : réception d'une délégation de musulmans chiites venus d'Iran. Le Saint-Siège et les théologiens iraniens s'étaient accordés auparavant sur une déclaration commune consacrée au thème « Foi et raison dans le christianisme et dans l'islam ». On s'y accorde pour affirmer que la foi et la raison sont « par elles-mêmes sans violence » et ne devraient jamais être utilisées pour des actes de violence.

5 mai : rencontre avec le primat anglican, l'archevêque Rowan Williams de Cantorbéry.

8 mai : rencontre avec le patriarche de l'Église grecque-melkite catholique Grégoire III Laham.

9 mai : célébration œcuménique avec le Patriarche suprême et catholicos de tous les Arméniens, Karétine II.

17 au 18 mai : visite pastorale à Savone et à Gênes.

13 juin : rencontre avec le président des États-Unis, George W. Bush.

14 au 15 juin : visite pastorale à Santa Maria di Leuca et Brindisi.

21 juin : lettre apostolique « Antiqua ordinatione ». Le motu proprio concerne le statut juridique de la Signature apostolique. Il est publié exclusivement en langue latine.

28 au 29 juin : inauguration commune de l'année de Saint-Paul avec le Patriarche œcuménique Bartholomeos Ier.

12 au 21 juillet : voyage apostolique à Sydney à l'occasion des 23e Journées mondiales de la Jeunesse. *17 juillet :* rencontre avec des représentants du gouvernement australien. *19 juillet :* sainte Messe à la cathédrale Saint Mary de Sydney, au cours de laquelle le pape Benoît XVI demande pardon pour les abus sexuels commis sur des enfants par des religieux catholiques en Australie. Il avoue « la honte que nous avons tous éprouvée à la suite des abus sexuels commis sur des mineurs par quelques prêtres et religieux de ce pays. Je suis vraiment profondément désolé pour la douleur et la souffrance que les victimes ont supportées et je les assure qu'en tant que Pasteur je partage leur souffrance ». *20 juillet :* messe de conclusion à Sydney. Devant quelque 500 000 personnes, le pape Benoît XVI appelle à une rénovation de la société et de l'Église et encourage notamment les jeunes du monde entier à adopter un comportement responsable envers la Création et les ressources de la terre. *21 juillet :* rencontre avec des hommes et des femmes ayant été victimes dans leurs jeunes années d'abus sexuels commis par des prêtres.

7 septembre : visite pastorale à Cagliari pour la conclusion des célébrations du centenaire de la proclamation de Notre Dame de Bonaria comme patronne de la Sardaigne.

12 au 15 septembre : voyage apostolique en France. *12 septembre :* rencontre avec le président Nicolas Sarkozy à Paris. *14 septembre :* sainte Messe à Lourdes avec environ 100 000 fidèles pour le jubilé des apparitions de Marie, cent cinquante ans plus tôt. Le pape Benoît XVI appelle les catholiques à renouveler l'esprit missionnaire : « Car, en se tournant vers Dieu, l'homme devient lui-même. »

4 octobre : visite d'État auprès du président italien Giorgio Napolitano au Palais du Quirinal.

5 au 26 octobre : XIIe assemblée générale ordinaire du Synode mondial des évêques, sur le thème « La Parole de Dieu dans la vie et la mission de l'Église ». Le pape y participe personnellement avec une allocution sur l'interprétation de la Bible.

19 octobre : visite pastorale au Sanctuaire Notre-Dame-du-Rosaire de Pompéi.

6 novembre : réception des participants au premier Forum catholique-musulman, dont l'objectif est d'éliminer les tensions entre les deux confessions.

9 novembre : Benoît XVI commémore publiquement à Rome le soixante-dixième anniversaire du début des pogroms organisés contre les juifs en Allemagne (« Nuit de Cristal »). Il lance un appel à une « solidarité profonde avec le monde juif » et à la prière pour les victimes. Le devoir de chaque individu, dit-il, est de lutter à tous les niveaux contre toute forme d'antisémitisme et de discrimination.

13 novembre : réception du président brésilien Luiz Inácio Lula da Silva. Au centre des entretiens, la question de l'amélioration des conditions de vie pour les catégories de la population souffrant de l'exclusion sociale.

2009

21 janvier : décret levant l'excommunication de quatre évêques de la Fraternité sacerdotale de Saint Pie X ordonnés par l'archevêque Marcel Lefebvre en 1988 sans mandat du Saint-Siège. Parmi ces quatre évêques figure Richard Williamson, dont on révèle alors une interview jusqu'alors inédite où il nie l'existence des chambres à gaz nazies.

28 janvier : lors de l'audience générale, le pape publie une déclaration à propos de l'affaire Williamson, qui a provoqué un scandale dans les médias, dans laquelle il affirme sa « profonde solidarité avec le monde juif ».

12 février : rencontre avec les responsables de la « Conference of Presidents of Major American Jewish Organizations », au cours de laquelle Benoît XVI condamne l'antisémitisme et exprime un refus net et clair de toute négation de la Shoah.

10 mars : lettres aux évêques de l'Église catholique, dans laquelle le pape aborde les malentendus et les débats survenus dans le contexte de l'excommunication des quatre évêques de la Fraternité Saint-Pie X et admet des défaillances dans le travail médiatique du Vatican.

17 au 23 mars : voyage apostolique au Cameroun et en Angola. L'objectif de ce voyage est d'apporter un message d'espoir et de réconciliation à ce continent affligé par les guerres, la maladie et la faim, et de demander à la communauté mondiale la justice pour l'Afrique. Une expression du pape Benoît, selon laquelle le problème du Sida ne pourra pas être réglé par la seule distribution massive de préservatifs, lui vaut les critiques de la presse mondiale.

28 avril : visite dans les parties des Abruzzes touchées par le tremblement de terre.

8 au 15 mai : voyage apostolique en Terre Sainte. *8 mai* : rencontre avec le roi Abdallah de Jordanie au palais Al-Husseini d'Amman. *9 mai* : visite de la Basilique byzantine du Mémorial Moïse sur le mont Nebo ; rencontre avec les responsables religieux musulmans. *10 mai* : visite du lieu de baptême de Jésus dans le Jourdain. *11 mai* : visite à Yad Vashem, le mémorial de la Shoah à Jérusalem, en compagnie du président israélien Shimon Peres. Dans son discours le pape Benoît déclare, à propos de l'assassinat de six millions de juifs sous le nazisme : « Que les noms de ces victimes ne périssent jamais ! Que leur souffrance ne soit jamais niée, discréditée ou oubliée ! » *12 mai* : Benoît XVI est le premier pape de l'histoire à visiter le Dôme du Rocher, site musulman sur l'Esplanade des Mosquées à Jérusalem ; Rencontre avec le Grand Mufti de Jérusalem, Mohammed Ahmad Hussein ; Prière au Mur des Lamentations. *13 mai :* rencontre avec le Président de l'Autorité palestinienne Mahmoud Abbas à Bethlehem. *14 mai :* rencontre avec le Premier ministre Benjamin Netanyahu à Nazareth. Sainte Messe et visite de la Grotte de l'Annonciation à Nazareth. *15 mai :* visite de la basilique du Saint-Sépulcre à Jérusalem.

24 mai : visite pastorale au Mont-Cassin, abbaye d'origine de son saint patron et patron de l'Europe, saint Benoît.

19 juin : début de « l'Année sacerdotale » proclamée par Benoît XVI.

21 juin : visite pastorale à San Giovanni Rotondo, lieu de pèlerinage du capucin Padre Pio, décédé en 1968 et canonisé en 2002.

29 juin : troisième encyclique (encyclique sociale) : *Caritas in veritate* (« L'amour dans la vérité »), consacrée aux conséquences de la mondialisation ainsi que de la crise économique et financière sur un ordre économique plus juste, plus social et plus écologique.

2 juillet : lettre apostolique sous la forme d'un motu proprio *Ecclesiae unitatem*, par lequel la Commisson Pontificale « Ecclesia Dei » — qui a compétence pour les relations avec les traditionalistes catholiques, par exemple la Fraternité Saint-Pie X — est intégrée à la Congrégation pour la Doctrine de la Foi.

7 juillet : lettre apostolique sous la forme d'un motu proprio visant à l'approbation du nouveau statut du Bureau Central du Travail du Saint-Siège.

9 juillet : réception du Premier ministre australien, Kevin Rudd. Réception du Premier ministre sud-coréen Lee Myung-bak, pour un entretien sur les conséquences de la crise économique mondiale pour les pays les plus pauvres, et sur la situation politique et sociale de la péninsule coréenne.

10 juillet : réception du président des États-Unis, Barack Obama. Au cœur de cette audience privée, la crise économique mondiale, la situation au Proche-Orient, la politique du développement au Proche-Orient, la politique de développement en Afrique et en Amérique du Sud, ainsi que la lutte internationale contre le trafic de la drogue. Sont également évoquées la recherche sur les cellules-souches, la bioéthique et la problématique de l'avortement.

17 juillet : petite intervention chirurgicale à la main droite, après que le pape se soit cassé le poignet pendant ses vacances d'été dans la vallée d'Aoste.

6 septembre : visite pastorale à Viterbe et à Bagnoregio. C'est à Viterbe qu'a eu lieu le plus long conclave de l'histoire de l'Église (mille cinq jours) ; à Bagnoregio, est conservée l'unique relique de saint Bonaventure.

26 au 28 septembre : voyage apostolique en République tchèque. Le but de la visite, vingt ans après la chute du Rideau de Fer, est d'encourager la minorité de croyants et de rappeler les racines chrétiennes de la culture de ce pays, devenu largement athée.

4 au 25 octobre : deuxième assemblée spéciale du Synode pour l'Afrique.

26 octobre : lettre apostolique, sous la forme de motu proprio *Omnium in mentem* pour transformer quelques normes du Code du droit canonique.

4 novembre : constitution apostolique « Anglicanorum coetibus » sur la création d'ordinariats personnels pour les anglicans qui entrent dans la pleine communion avec l'Église catholique.

8 novembre : visite pastorale à Concesio et Brescia, la région natale du pape Paul VI.

14 novembre : réception pour le Premier ministre tchèque Jan Fischer à l'occasion du Traité de Lisbonne de l'Union Européenne.

21 novembre : réception de l'archevêque de Cantorbéry, Rowan Williams, Primat de l'Église anglicane. Les entretiens sont essentiellement consacrés aux défis auxquels est confrontée la communauté chrétienne au début du troisième millénaire.

3 décembre : réception du chef de l'État russe, Dmitri Medvedev, et annonce de l'établissement de relations diplomatiques entre le Vatican et le Kremlin.

2010

1er janvier : appel au tournant écologique : « Si tu veux promouvoir la paix, préserve la Création. »

15 janvier : lettre du directeur du collège catholique Canisius, le P. Klaus Mertes, aux six cents diplômés de ce lycée jésuite à Berlin, dans laquelle il demande pardon aux victimes d'abus sexuels commis par des jésuites dans l'établissement pendant les années 1970 et 1980. La publication de cette lettre déclenche la révélation d'autres cas dans d'autres institutions, religieuses et non religieuses.

17 janvier : visite du pape à la synagogue de Rome.

15 au 16 février : rencontre avec vingt-quatre évêques irlandais pour traiter le scandale des abus sexuels dans l'Église catholique d'Irlande. Le pape déplore de graves manquements des évêques.

12 mars : rencontre avec Mgr Robert Zollitsch, président de la Conférence épiscopale allemande à propos des nombreux cas d'abus sexuels en Allemagne.

14 mars : visite à la communauté germanophone luthérienne à Rome, homélie pendant le culte.

19 mars : dans une lettre pastorale aux catholiques d'Irlande, Benoît XVI demande pardon pour les abus sexuels commis dans les institutions catholiques et pour les manquements des évêques ; au-delà du cas irlandais, il donne des recommandations pour l'élucidation des cas et le traitement de la situation de crise.

17 au 18 avril : voyage apostolique à Malte, à l'occasion du débarquement de l'apôtre Paul sur l'île, voici mille neuf cent cinquante ans. Benoît XVI rencontre aussi, lors de sa rencontre, des victimes maltaises d'abus sexuels.

1er mai : après la conclusion de l'inspection des « Légionnaires du Christ », qu'il avait ordonnée, le pape demande une complète refonte spirituelle et structurelle de cette congrégation.

2 mai : visite pastorale à Turin à l'occasion de l'exposition du « Linceul », le Saint Suaire du Christ.

11 au 14 mai : voyage apostolique au Portugal, à l'occasion du dixième anniversaire de la béatification des petits bergers de Fatima, Jacinta et Francisco. *13 mai :* sainte Messe au sanctuaire de Fatima : « Je suis venu à Fatima pour prier avec Marie et tant de pèlerins pour notre humanité affligée par la souffrance et la pauvreté. »

20 mai : concert au Vatican avec la participation de l'Orchestre National de Russie et du Chœur synodal de Moscou, en l'honneur du cinquième anniversaire du pontificat de Benoît. Le concert est un cadeau du patriarche de Moscou, Cyrille Ier, et on le considère comme un signe du rapprochement entre l'Église russe-orthodoxe et l'Église catholique.

31 mai : envoi de cinq émissaires spéciaux de haut rang en Irlande pour traiter le scandale des abus sexuels.

4 au 6 juin : voyage apostolique à Chypre. *5 juin :* rencontre avec le primat de l'Église orthodoxe, Chrysostome II. *6 juin :* remise de l'Instrumentum Laboris pour l'Assemblée spéciale, imminente, du synode des évêques pour le Proche-Orient.

9 au 11 juin : discours lors de ce qui est vraisemblablement la plus grande rencontre de prêtres de l'histoire, pour la fin de l'Année sacerdotale.

26 juin : rencontre avec le secrétaire général sortant de la Fédération luthérienne mondiale, Ishmael Noko.

29 juin : annonce de la création du « Conseil pontifical pour la nouvelle évangélisation » dans les sociétés sécularisées.

4 juillet : visite pastorale à Sulmona, dans les Abruzzes, à l'occasion du 800ᵉ anniversaire du pape Célestin V, qui avait abdiqué après six mois comme pape.

2 septembre : réception du chef de l'État israélien, Shimon Peres, pour une discussion sur le processus de paix au Proche-Orient. Peres affirme que sous Benoît XVI, les relations entre le Saint-Siège et Israël sont « les meilleures depuis Jésus-Christ ».

5 septembre : visite à Carpetino Romano, où naquit deux cents ans plus tôt le pape Léon XIII, qui répondit à la Révolution industrielle par la Doctrine sociale de l'Église.

16 au 19 septembre : voyage apostolique en Angleterre et en Écosse ; c'est la première visite d'État d'un pape en Grande-Bretagne. *16 septembre :* rencontre avec la reine Elizabeth II, chef de l'Église anglicane, à Édimbourg. *17 septembre :* célébration œcuménique à l'abbaye de Westminster, Londres. *19 septembre :* béatification du converti et cardinal John Henry Newman à Birmingham, première béatification jamais célébrée sur le sol anglais.

3 octobre : rencontre avec des familles et des jeunes à Palerme, en Sicile.

10 au 24 octobre : assemblée du Synode des évêques sur la situation des chrétiens au Proche-Orient.

6 au 7 novembre : voyage pastoral en Espagne. *6 novembre :* visite à Saint-Jacques de Compostelle à l'occasion de l'année Saint Jacques. *7 novembre :* dédicace de la basilique La Sagrada Familia à Barcelone.

TABLE

Préface 9

Première partie
SIGNES DES TEMPS

1. LES PAPES NE TOMBENT PAS DU CIEL 19
2. LE SCANDALE DES ABUS SEXUELS 37
3. CAUSES ET CHANCES DE LA CRISE 55
4. LA CATASTROPHE GLOBALE 65
5. DICTATURE DU RELATIVISME 75
6. TEMPS DE LA CONVERSION 87

Deuxième partie
LE PONTIFICAT

7. HABEMUS PAPAM 99
8. DANS LES SOULIERS DU PÊCHEUR 111
9. L'ŒCUMÉNISME ET LE DIALOGUE AVEC L'ISLAM 119

10. PROCLAMATION 139
11. VOYAGES PASTORAUX 151
12. LE CAS WILLIAMSON 163

Troisième partie
OÙ ALLONS-NOUS ?

13. ÉGLISE, FOI ET SOCIÉTÉ 177
14. LE PRÉTENDU BLOCAGE DES RÉFORMES 189
15. COMMENT VA LA RÉNOVATION ? 203
16. MARIE ET LE MESSAGE DE FATIMA 213
17. JESUS CHRIST REVIENT 219
18. DES CHOSES DERNIÈRES 231

ANNEXES

EXTRAIT DE LA LETTRE PASTORALE DE BENOÎT XVI
    AUX CATHOLIQUES D'IRLANDE (19 MARS 2010) 243
FOI ET VIOLENCE. EXTRAIT DU « DISCOURS DE RATISBONNE »
    DU 12 SEPTEMBRE 2006 246
SIDA ET HUMANISATION DE LA SEXUALITÉ.
    EXTRAIT D'UNE INTERVIEW RÉALISÉE AU COURS DU VOL
    VERS LE CAMEROUN, LE 17 MARS 2009 247
BENOÎT XVI
    BIOGRAPHIE ET BRÈVE CHRONIQUE DU PONTIFICAT 249

Composé par Nord Compo Multimédia
7, rue de Fives, 59650 Villeneuve-d'Ascq

Imprimé en France en décembre 2010
sur les presses de Normandie Roto Impression s.a.s.
à Lonrai (Orne)
Dépôt légal : décembre 2010 - N° d'imprimeur : 104570